Oskar Criste

Napoleon und seine Marschälle

Criste, Oskar

Napoleon und seine Marschälle

ISBN: 978-3-86741-601-6

Auflage: 1
Erscheinungsjahr: 2010
Erscheinungsort: Bremen, Deutschland

© Europäischer Hochschulverlag GmbH & Co KG, Fahrenheitstr. 1, 28359 Bremen (www.eh-verlag.de). Alle Rechte beim Verlag und bei den jeweiligen Lizenzgebern.

Bei diesem Titel handelt es sich um den Nachdruck eines historischen, lange vergriffenen Buches aus dem Verlag Stern, Wien (1906). Da elektronische Druckvorlagen für diese Titel nicht existieren, musste auf alte Vorlagen zurückgegriffen werden. Hieraus zwangsläufig resultierende Qualitätsverluste bitten wir zu entschuldigen.

Cover: Ausschnitt aus dem Gemälde „Campagne de France" (1864) von Ernest Meissonier

NAPOLEON
UND SEINE
MARSCHÄLLE.

VON
HAUPTMANN OSKAR CRISTE.

WIEN, 1906
C. W. STERN
(BUCHHANDLUNG L. ROSNER), VERLAG.

Der 2. Dezember 1804 in Paris.

Noch liegt tiefes Dunkel über dem Häusermeer, aber schon flutet in den zur Nòtre Dame-Kirche führenden Straßen eine unübersehbare Menschenmenge auf und nieder. Seit 6 Uhr morgens donnern die Geschütze und läuten die Glocken aller Kirchen.

Um 9 Uhr öffnen sich die Tore der Tuilerien, in einer prachtvollen, von acht Apfelschimmeln gezogenen Karosse, welcher ein Geistlicher auf einem Maultier voranreitet, fährt Papst Pius VII. zur Kirche. Er betritt sie um $10^1/_2$ Uhr; ihm schreiten die Kardinäle, Erzbischöfe und Bischöfe Frankreichs, die gesamte Geistlichkeit von Paris voran. Auf dem Throne sitzend, „mit der Haltung eines Pontifex, welcher tief nachsinnt über die Dinge im Himmel und über das Glück auf Erden", erwartet der Papst zweieinhalb Stunden den Kaiser . . . .

Gegen 11 Uhr steigert sich die Unruhe der dichtgedrängten Menschenmenge in den Straßen; sie wird fieberhaft, als von 11 Uhr angefangen die Geschützsalven stärker und stärker werden und plötzlich erbraust jubelnd, stürmisch, orkanartig, in frenetischer Begeisterung der Ruf, der von da an Jahre hindurch weiter klingen soll von dem Saume der französischen Hauptstadt durch ganz Europa bis an die Ufer des Manzanares, bis an die starrende Eisdecke der Beresina, um endlich wie ein Seufzer zu verhallen an den öden Felsklippen von St. Helena: „Vive l'empereur!"....

In einer Karosse aus Gold, geschmückt mit der Kaiserkrone, die von vier goldenen Adlern getragen wird, gezogen von acht isabellefarbenen Pferden, fährt das Kaiserpaar. Kavallerieabteilungen reiten dem Wagen voraus und folgen ihm, zwischen den einzelnen Abteilungen marschieren Musikkorps, ein bewegliches Spalier von Infanterie begleitet den Zug, dem eine kaum übersehbare Reihe von Wagen, mit den Staatswürdenträgern, Hofbediensteten, Gästen folgt.

Im erzbischöflichen Palais werden dem Kaiser die Krönungsgewänder angelegt und er schreitet an der Seite seiner Gemahlin in die Kirche; beim Altar angelangt, intoniert der Papst das „Veni creator" und während Napoleon die Stufen des kaiserlichen Thrones betritt, ruft Pius VII. „Vivat imperator in aeternum" und die Kirche erbraust von dem Rufe: „Vive l'empereur!"

Die Krönungszeremonien gehen verhältnismäßig rasch vorüber, der Kaiser zeigt während derselben wenig Bewegung, so wie er auch kalt und ruhig geblieben war, da der Sturm von Begeisterung ihn umjubelte; als er aber die aus goldenen Eichen- und Lorbeerblättern geformte Krone dem Papst aus der Hand nimmt und sie sich auf das Haupt setzt, da scheint es, als weiche jeder Tropfen Blut aus dem scharf geschnittenen Imperatorgesicht und bleich bis an die Lippen flüstert er seinem Bruder Josef zu: „Wenn uns jetzt unser Vater sähe!"....

Das ganze Wunder eines erstaunlichen Lebenslaufes spricht sich in diesen Worten aus. Wäre die Schilderung eines Menschenlebens, wie das des korsischen Advokatensohnes, der Phantasie eines Dichters entsprungen, er hätte sich herben Tadel gefallen lassen müssen. Denn nur das Leben darf solch phantastische

Dichtung sich erlauben, ihm allein ist es gestattet, Persönlichkeiten hervorzubringen, deren inneres Wesen jeder natürlichen Beschaffenheit zu widersprechen scheint, darf Ereignisse erfinden von märchenhafter Unwahrscheinlichkeit, seiner Schöpferkraft Gebilde entspringen lassen von kindlicher Naivität und göttlicher Weisheit, darf, eigenwillig und planlos für unsere Urteilskraft, Begriffe von Gut und Böse, von Recht und Unrecht durcheinanderwerfen, um uns im nächsten Augenblick erschauern zu machen vor der ehernen Gesetzmäßigkeit seiner Konzeption.

Aber so erstaunlich, so jeder menschlichen Voraussicht widersprechend der Lebenslauf Napoleon Bonapartes gewesen sein mag, bei tieferem Eindringen in die Geschichte seiner Zeit verliert sich das Wunderbare darin doch, und wenn er selbst seinem Erstaunen darüber Ausdruck gegeben, so geschah es nur für einen Augenblick und unter dem überwältigenden Eindruck jener feierlichen Handlung. So wenig seine kriegerischen Erfolge nur den Eingebungen seines Genius zuzuschreiben sind, von dem er sich etwa blindlings leiten ließ, ebensowenig grenzt es an ein Wunder, wenn die trüben Fluten der Revolution ihn auf die ragendste Höhe trugen, die eben nur durch eine, alle Dämme und Schranken durchbrechende Sturmflut zu erreichen war. Ungezählte verschwanden spurlos darin, der stärkste und klügste Schwimmer mußte die Höhe erreichen.

Da der Name des Generals Bonaparte zum erstenmale durch die Welt flog und es sich wie ein Schimmer von überirdischem Glanz um seine Gestalt zu weben begann, da sagte er ruhig: „Alles ist gekommen, wie ich es voraussah und ich bin wohl der einzige, der von dem nicht überrascht ist, was ich tat. Und so wird es auch in Zukunft sein. Ich werde dorthin gelangen, wohin ich gelangen will." Das war im Jahre 1796, da war Bonaparte Oberbefehlshaber der französischen Armee in Italien — acht Jahre früher hatte er als Leutnant hungrig zu Bette gehen müssen, acht Jahre später drückte er sich die selbstgeschmiedete Kaiserkrone auf das Haupt. Wenn ihn jetzt sein Vater gesehen hätte!

Es ist nicht ersichtlich, daß Carlo Bonaparte, der Advokat mit geringem Vermögen, aber vielen Kindern, besonders große Hoffnungen auf seinen zweitgeborenen Sohn Napoleon (15. August 1769) gesetzt hätte. Eigenwillig und starrsinnig, von der Mutter sehr strenge, vom Vater zu nachsichtig behandelt, also schlecht erzogen, kam er, mit höchst notdürftigen Kenntnissen in der französischen Sprache, zehn Jahre alt, in die Militärschule von Brienne und auch während des dortigen fünfjährigen Aufenthaltes machte er sich weniger durch seinen Eifer und seine Kenntnisse, als vielmehr durch sein finsteres, verschlossenes Wesen bemerkbar. Erst in der adeligen Kadettenkompagnie zu Paris, in welcher Napoleon im September 1785 die Prüfung zum Sekondeleutnant ablegte, fand sich ein Lehrer, der das prophetische Urteil abgab, Napoleon werde es weit bringen, wenn ihn die Umstände begünstigen. Es kann allerdings mit Bestimmtheit angenommen werden, daß diesem Lehrer bei seiner Prophezeiung — kühn genug — die Charge eines Obersten der Artillerie vorgeschwebt haben mag. Denn diese war unter den damals in der königlichen Armee herrschenden Verhältnissen für einen obskuren Mann, ohne klingenden Namen und ohne einflußreiche Verwandschaft oder Freunde, schwerer zu erreichen als einige Jahre später der Marschallsstab eines Armeekommandanten. Napoleon brachte es weiter, wenn auch nicht so rasch, wie manche andere seiner Zeitgenossen. Als später einmal General Rapp Kaiser Napoleon um Beförderung zweier Offiziere bat, rief dieser ungeduldig: „Ich will nicht mehr so viele Beförderungen; der Teufelskerl, der Berthier, hat mir schon zu viele abgenötigt." Und zum General Lauriston gewendet, fügte er hinzu: „Nicht wahr, Lauriston, als wir jung waren, ging das nicht so rasch. Ich bin viele Jahre Leutnant geblieben." „Das kann wohl sein, Sire" bemerkte Rapp „aber Sie haben alles nachgeholt!" ...

Tatsächlich blieb Napoleon nicht weniger als sieben Jahre Leutnant der Artillerie und mußte während dieser Zeit auch noch für seinen jüngeren Bruder Ludwig sorgen, dem er später eine Königskrone schenkte. Damals verfügte er über bedeutend wenigere wertvolle Güter. „Ich setzte niemals den Fuß in ein Café" erzählte er später „oder in eine Gesellschaft; ich aß trockenes Brod und bürstete meine Kleider selbst, damit sie länger vorhielten. Um nicht von meinen Kameraden abzustechen, lebte ich wie ein

Bär, immer allein in meiner kleinen Stube mit meinen Büchern, die damals meine einzigen Freunde waren. Und um mir diese Bücher zu verschaffen, mit welchen harten, am Notwendigsten gemachten Ersparungen, erkaufte ich mir das Vergnügen ihres

Napoleon als Artillerieleutnant.

Besitzes! Wenn ich infolge meiner Enthaltsamkeit zwei Taler zusammengebracht hatte, lenkte ich meine Schritte mit kindlicher Freude einem Buchladen zu, musterte wiederholt mit Neid die Reihen, und meine begehrlichen Blicke forschten lange, bevor mir meine Börse zu kaufen gestattete. Das waren die Freuden und Exzesse meiner Jugend!"

Denn der junge Offizier begnügte sich nicht damit, den Dienst bei seiner Waffe gründlich kennen zu lernen, und wenn auch seine finstere Verschlossenheit nach und nach gewichen war und er selbst die Vergnügungen seiner Kameraden nicht mehr mied, den größten Teil seiner freien Zeit widmete er doch ernsten Studien. Mit besonderer Vorliebe pflegte er das Studium der Geschichte, erfreute sich an der Größe antiker Charaktere, bewunderte Könige und Feldherren, nicht wenn sie Siege errungen, sondern wenn sie in edler Selbstverleugnung, ohne persönlichen Ehrgeiz dem Dienste des Vaterlandes sich gewidmet.

Mit den strengen Studien legte Napoleon den festen Grund, dessen auch der größte Genius bedarf, wenn er sich fruchtbar entwickeln soll, die idealen Anschauungen von Welt und Menschen, denen er an der Hand der Philosophen anhing, sollten allerdings nur zu bald gründlichen Wandel erfahren.

Die revolutionäre Bewegung in Paris zog inzwischen immer weitere Kreise und auch die kleinen Garnisonen, die Napoleon beherbergten, begannen leise zu erzittern. Mit großer Aufmerksamkeit verfolgte Napoleon die ersten Anzeichen des heranbrausenden Sturmes. Aber so wenig wie die vielen anderen, war auch der geniale Korse sich der Bedeutung dieser Revolution bewußt, die für keinen solche Folgen haben sollte, wie gerade für ihn. Gleichgültig ließ sie ihn allerdings nicht, denn sie beeinflußte auch die Verhältnisse im fernen Vaterlande, dessen Napoleon oft und sehnsüchtig gedachte.

Und boten die Parteikämpfe auf Korsika nicht Gelegenheit die feste Schranke zu übersetzen, die sonst in ruhigen Zeiten und Verhältnissen jedes rasche Emporkommen verhinderte? An Selbstbewußtsein hat es Napoleon von Kindheit an nicht gefehlt, es war mit den Jahren nur gestiegen, und mit der ganzen wilden Energie seines Wesens stürzte er sich in jene Kämpfe. Aber der Versuch, auf dem heimatlichen Eilande eine hervorragende Rolle zu spielen, mit einem Satz auf eine Höhe zu gelangen, die dem kleinen Leutnant damals gewaltig erschien, mißglückte. Die Heimat war zu klein; sein Geist und die in ihm schlummernden dämonischen Kräfte bedurften, um sich zu entfalten, eines weit größeren Schauplatzes.

Förmlich geächtet von seinen Stammesgenossen, mußte er Korsika verlassen und nach Frankreich zurückkehren, das ihn bisher nicht zu fesseln vermocht hatte. „Er hat aufhören müssen Korse zu sein, er hat es nie dahin gebracht, Franzose zu werden. Mit ihm ist auch sein Ehrgeiz heimatlos geworden; ein Ehrgeiz, den bisher der Küstensaum eines kleinen Eilandes zu umfangen vermochte, kannte von jetzt ab keine Grenzen mehr." (Fournier, Napoleon I.)

Die korsische Unternehmung hatte den jungen Offizier merkwürdig gereift; sein durch mancherlei ungeregelte, nicht immer nahrhafte Lektüre umnebelter Geist war wieder zur ursprünglichen Klarheit durchgedrungen; vor allem hatte er die Überzeugung gewonnen, daß „Fähigkeiten nicht genügten, emporzukommen und daß die Freundschaft der Mächtigen unentbehrlich sei; ohne Skrupel widmete er daher von jetzt an der Jakobinerbewegung in Frankreich seine Dienste, obwohl er sie im Grunde seines Herzens verabscheute. Den Abstraktionen Rousseaus und Raynals hatte er entsagt und war ein harter Realist geworden, der die Wirklichkeit zu beurteilen gelernt hatte und fest entschlossen war, sich mit ihr abzufinden." (Roloff, Napoleon I.)

Die verlockende Aussicht, Herr von Korsika zu werden, hatte Bonaparte den Verzicht auf seine bescheidene Charge, die ihm, da er rücksichtslos den bewilligten Urlaub überschritten hatte, genommen worden war, leicht genug gemacht; nun aber dankte er allen Göttern, daß die Not der Zeit ihm wieder die Reihen der französischen Armee eröffnete. Der fühlbare Mangel an Offizieren, hervorgerufen durch die zahlreiche Emigration der Adeligen, verhalf ihm sogar, 10. Juli 1792, zum Kapitänspatent.

Bonaparte erhielt seine Einteilung in der Armee des Generals Carteaux, der gegen Toulon gesendet worden war, das sich, wie fast der ganze Süden Frankreichs, gegen den Konvent erhoben hatte. Die kühnen Vorschläge des kleinen Artilleriekapitäns zur Bezwingung der Stadt fanden die Billigung Carteaux' nicht;

Bonaparte mußte sich der Unterstützung durch die Konventskommissäre bedienen, um durchzudringen. Der Erfolg sicherte ihm dann auch die Gunst dieser mächtigsten Personen in jedem der damaligen französischen Heere; am 19. Oktober 1793 zum Major, am 22. Dezember zum Brigadegeneral befördert, wurde er zur „italienischen Armee" gesandt, um den Feldzugsplan gegen die Österreicher und Sarden auszuarbeiten. Während seiner Inspizierungsreisen begleiteten ihn zwei Adjutanten: Marmont und Junot.

Der Operationsplan des jungen Generals gelangte vorläufig nicht zur Ausführung; Robespierres Schreckensregiment brach zusammen, als Schützling der Konventsmitglieder wurde auch Bonaparte verhaftet und am 12. August 1794 im Fort Carré bei Antibes gefangen gesetzt, doch gelang es ihm nachzuweisen, daß er nie eine politische Rolle gespielt und sich nur auf Erfüllung seiner militärischen Obliegenheiten beschränkt hatte.

Aber die Einteilung in die unter Kommando des Generals Hoche stehende Westarmee in der Vendée behagte dem General Bonaparte nicht, er strebte nach dem italienischen Kriegsschauplatz, als ahnte er, daß dort seine glänzende Laufbahn beginnen werde. Die kühnen Ideen über eine Offensive gegen die Österreicher und Sarden in Italien, die er immer und immer wieder in Denkschriften niederlegte und zur Kenntnis der Machthaber brachte, fanden keine Billigung. „Der Verfasser dieser Pläne gehört in das Irrenhaus," urteilte General Kellermann — trotzdem verlieh ihm später der kleine General den Titel eines Marschalls des Kaiserreiches! — und General Scherer meinte, „derjenige, der sie entworfen, möge sie doch auch gefälligst selbst ausführen!" Ach, Bonaparte wünschte ja nichts sehnsüchtiger, aber statt dessen wurde er, da er seine Abreise zur Westarmee immer wieder hinausschob, wegen Ungehorsams aus den Armeelisten gestrichen.

Seine Lage war traurig genug. Die paar Assignaten, die er von der Armee mitgebracht, büßte er in unglücklichen Spekulationen ein, Kredit war in diesen unsicheren Zeiten nicht zu erwarten, seine Zukunftspläne wurden immer bescheidener. Schon trug er sich mit dem Gedanken, eine Mission nach Konstantinopel anzunehmen, um die türkische Armee zu reorganisieren, wozu sich der Sultan soeben französische Offiziere erbeten hatte, da führte ihn ein neuer politischer Umschwung wieder in die Höhe.

Der Kampf zwischen den Anhängern des gestürzten Schreckensregiments und der neuen Regierung war am meisten der royalistischen Partei zugute gekommen, der sich das gebildete Bürgertum immer mehr anschloß. Schon konnte die Wiederherstellung der Monarchie ins Auge gefaßt werden. Zum Schutze gegen diese Möglichkeit wurde im Sommer 1795 eine neue Verfassung entworfen, nach welcher die Vereinigung von gesetzgebender und regierender Gewalt in den Händen der Nationalvertretung aufgehoben wurde. Die legislativen Rechte wurden zwei Körperschaften, dem „Rate der Alten" (250 Mitglieder) und dem „Rate der Fünfhundert", die Exekutive einem Direktorium von fünf Männern im Alter von mindestens vierzig Jahren übertragen.

Es war vorauszusehen, daß die neue Verfassung weder den Wünschen der Royalisten, noch jenen der Jakobiner entsprechen würde, die Regierung hatte deshalb ein eigenes Komitee ernannt, das eine jede Bewegung überwachen und für die Sicherheit des Konvents zu sorgen hatte. An der Spitze dieses Komitees stand Paul Jean (Graf von) Barras, der ehemals als Konventskommissär der Einnahme von Toulon beigewohnt und hiebei Bonaparte kennen gelernt hatte. Seiner eigenen militärischen Begabung wenig vertrauend, erinnerte sich jetzt Barras Bonapartes, den er vor kurzem auf Befehl des Kriegsministers aus den Listen der Generale gestrichen hatte.

Bonaparte sympathisierte weder mit den Royalisten, noch mit der Regierung, am wenigsten allerdings mit den Jakobinern, aber er zögerte keinen Augenblick dem Rufe Barras' zufolgen. Er wäre der Mann, der er war, nicht gewesen, wenn er eine solche Gelegenheit ungenützt gelassen hätte.

Die regierungsfeindlichen Parteien hatten unterdessen an

25.000 Mann Nationalgarden gegen die Regierung geführt, die über höchstens 5000 Mann Linientruppen verfügte; schon war es zu einzelnen Zusammenstößen gekommen, als Barras in der Nacht zum 5. Oktober Bonaparte rufen ließ. Dessen erste Verfügung war, Artillerie herbeiführen zu lassen; ein junger Reiterkapitän, Joachim Murat, brachte sie zur Stelle, und als am 5. Oktober die Nationalgarden gegen die Tuilerien, den Sitz des Konvents, vorgingen, wurden sie mit Kartätschfeuer empfangen und weit zurückgedrängt, am folgenden Tag aber vollständig überwältigt.

Der Konvent war durch den General Bonaparte gerettet worden, sein Name flog aus Paris durch ganz Frankreich. Vor zwei Tagen ein wenig gekannter, entlassener Offizier, stand er jetzt an der Spitze der „Armee des Inneren".

Aber weit schwieriger, als eine Stellung zu erringen, war es damals, sie zu befestigen, zu behaupten, und Bonaparte säumte nicht, mit allen Mitteln daran zu arbeiten. Klaren Blickes hatte er erkannt, welchen Einfluß damals die Salons und die Frauen zu üben begannen; er beeilte sich also, die Salons zu besuchen und den Frauen mehr Aufmerksamkeit zu schenken als bisher. Eine glänzende Salonfigur war er nun eben nicht. Klein und hager, mit unregelmäßigen gelblichen Gesichtszügen, ungeschickten Bewegungen und wenig angenehmen Umgangsformen, oft düster und schmollend vor sich hinstarrend, dann wieder von lärmender, oft roher Heiterkeit, fesselten an ihm nur die großen, graublauen Augen und der herrische Blick.

In Zeiten der Bedrängnis hatte Bonaparte sich mit der Schwägerin seines Bruders Josef, Desirée Clary, Tochter eines Seidenhändlers, verlobt, nun löste er ohne Bedenken das Verlöbnis, um eine jener Frauen zu heiraten, die Einfluß und Geltung in der Gesellschaft besaßen. Er bewarb sich um eine reiche und angesehene Witwe und holte sich einen — Korb; dann machte ihn Freund Barras auf eine andere Dame aufmerksam, ohne zu ahnen, zu welchen Ehren er dadurch der ehemaligen „Freundin" verhelfen sollte. Josephine Beauharnais, die Witwe eines zur Zeit der Schreckensherrschaft guillotinierten Generals, war allerdings sechs Jahre älter als Bonaparte und Mutter zweier Kinder, aber eine graziöse Erscheinung von großer natürlicher Anmut.

„Barras hat mir einen Dienst geleistet," sagte Bonaparte später „als er mir riet, Josephine zu heiraten; sie gehöre zur Gesellschaft der alten und zugleich der neuen Regierung, sagte er, das würde mir Rückhalt geben, meinen Beinamen des Korsen verwischen, mich vollständig französisch machen, da ihr Haus das beste von Paris sei. Und ich wollte absolut Franzose sein; unter allen Beschimpfungen, die damals gegen mich geschleudert wurden, war mir die des „Korsen" die empfindlichste."

Man hat behauptet, daß Bonaparte seine erste Frau geliebt habe; gewiß ist nur, daß er leidenschaftliche Briefe an sie gerichtet hat, was nicht immer als ein Beweis von Liebe gelten muß, insbesondere bei einem Mann wie Bonaparte, dessen damalige schriftliche Kundgebungen bereits den Meister im Konzipieren späterer Armeebulletins erkennen lassen.

Zwei Tage vor seiner Vermählung, 9. März 1796, erreichte Bonaparte das Ziel seiner heißesten Wünsche, die Ernennung zum Chefgeneral der Armee in Italien, und bereits am 12. befand er sich auf der Reise nach den Alpen.

Die ersten Erfolge Bonapartes als kommandierender General waren beispiellos; der Name des kleinen, unbekannten Italieners flog durch die Welt, in scheuer Bewunderung folgte man seinem Siegeszug, ohne dessen geheime Ursachen erkennen zu können.

Aber es ist ein Irrtum, hier an die bloße Emanation eines Genies zu glauben; Bonaparte hat es nur verstanden, das militärisch-technische Rüstzeug, das er sich in ernster und harter Geistesarbeit geschmiedet, richtig und entschlossen zu verwenden. Wie alle großen Feldherren, wie Eugen, Friedrich und Erzherzog Karl ein überzeugter Verehrer und Schätzer kriegsgeschichtlicher Studien, hatte er ihre Ergebnisse in sich aufgenommen, verarbeitet und setzte sie, allerdings mit dem Können des Genies, in Taten um. Gerade von diesem ersten vielbewunderten Feldzug ist festgestellt worden, daß Bonaparte ihn auf die Lehren des französischen Marschalls Maillebois über den

Feldzug der Jahre 1745 und 1746 gegründet hat. Nicht um blitzähnliche Eingebungen des Genies, um operative Improvisationen handelt es sich in diesem Feldzuge, wie Bonaparte später selbst glauben machen wollte; es ist vielmehr erwiesen, „daß die Bewegungen vom 10. bis 28. April seitens Bonapartes in der denkbar methodischesten Weise entworfen und geleitet worden sind. Selbst da, wo überraschende Kühnheit und Schnelligkeit die Bewunderung des Militärs erregt, bildeten systematische Überlegung und eine alles umfassende Umsicht die eigentlichen Grundlagen des Handelns und des Gesamterfolges. Sogar verschiedene Mißerfolge, wie am 16. und 19., verspätetes Eintreffen seiner Unterführer, wie am 13., Ausfall des eigentlichen Schlachtenkorps, wie am 12. bei Altare, vermögen seine Pläne nicht zu stören, ebenso wenig wie bedenkliche Erscheinungen zunehmender Indisziplin und Verwilderung der Truppen." (Oberst A. Keim.)

Und aus dieser ernsten unablässigen Arbeit an der Vervollständigung jener Kraft, welche eine seltsame Fügung der Natur in ihn gelegt, aus einer, allerdings merkwürdigen Aufnahmsfähigkeit alles dessen, was diese Kraft vermehren konnte, erklärt sich zum größten Teil das Wunder dieser erstaunlichen Persönlichkeit, die Haß und Liebe, Furcht und Bewunderung, Schrecken und Verehrung erregt hat wie kaum eine zweite. Er selbst hat sich einmal darüber ausgesprochen: „Ich arbeite immer" sagte er „ich denke fortwährend über alle möglichen Dinge nach. Wenn ich stets bereit erscheine, auf alles zu antworten, zu allem Stellung zu nehmen, so kommt das daher, daß ich vorher, ehe ich etwas unternehme, darüber lange nachgedacht habe. Ich habe stets alles erwogen, was kommen könnte. Es ist nicht das Genie, welches mir plötzlich eingibt, was ich in einem für andere unerwartet kommenden Augenblick zu sagen oder zu tun habe, sondern es ist meine vorherige Überlegung, mein Nachdenken. Ich arbeite immer, beim Essen, im Theater, selbst nachts stehe ich plötzlich auf, um zu arbeiten."

Durch die Erfolge seines ersten Feldzuges hatte Bonaparte nicht nur einer neuen Kriegskunst den Weg gebahnt, indem er zum erstenmal mit eiserner Beharrlichkeit den Grundsatz zur Geltung brachte, daß die Entscheidung eines jeden Krieges nur durch die möglichst rasche Zertrümmerung der feindlichen Streitkräfte in der Schlacht herbeigeführt werden könne, er hatte sich auch die fast fanatische Bewunderung und Anhänglichkeit seiner Truppen erobert.

Und an dieser Eroberung lag ihm vorläufig mehr als an jeder anderen. Denn seine Stellung auf der erklommenen Höhe war um so weniger sicher, als die Regierung Frankreichs in schwachen Händen lag und deshalb in die eines Generals fallen mußte, der über ein erfolgreiches und treues Heer gebot.

Die Leitung der kriegerischen Operationen und seine Siege hatten Bonaparte nicht gehindert, scharfen Auges den Vorgängen im Inneren Frankreichs zu folgen, die Unfähigkeit der Direktoren, ihre Uneinigkeit untereinander in Rechnung zu ziehen, aber auch zu merken, wie nach und nach die Sehnsucht nach Frieden immer größer wurde. Er war klug genug, seinen Drang nach neuen Kriegstaten zu bändigen, er wußte, daß er jetzt, nachdem er die Welt mit seinem und seiner Soldaten Ruhm erfüllt, den Franzosen kein willkommeneres Geschenk bringen konnte, als eine Pause der Ruhe, der Erholung, des ungetrübten Genusses. Um die Weisungen des Direktoriums hatte er sich von dem Augenblick der Befehlsübernahme nicht viel gekümmert; aus eigener Machtvollkommenheit bot er jetzt Österreich den Frieden an.

Aber so gering er auch das Direktorium schätzte, er war weit entfernt davon, es stürzen zu lassen. Und diese Gefahr lag nahe genug. Die letzten Wahlen hatten den Monarchisten und Gemäßigten große Erfolge gebracht; zu Gewaltmaßregeln konnten die Direktoren sich nicht entschließen, da kam ihnen Bonaparte zu Hilfe. Schon sein Manifest, das er am Jahrestage des Bastillensturmes aus Mailand an seine Armee erließ, war für die Opposition eine verständliche und wirksame Drohung: „Das Vaterland darf keine ernste Gefahr laufen," rief er seinen Soldaten zu. „Die Männer, die ihm zum Triumph über das vereinte Europa verholfen haben, sind zur Stelle. Die Berge, die uns von Frankreich trennen, ihr würdet sie mit dem Fluge des Adlers übersteigen, wenn es gälte, die Verfassung aufrecht zu erhalten, die Freiheit zu verteidigen, die Regierung und die Republikaner zu beschützen. Soldaten, die Regierung wacht über den Gesetzen, die ihrem Walten anvertraut sind. Sobald die Royalisten sich nur zeigen, haben sie ihr Leben verwirkt." Und deutlicher noch sprach er in einigen Denkschriften an oppositionelle Abgeordnete: „Ich prophezeie euch, und ich spreche im Namen von 80.000 Mann, die Zeit, da feige Advokaten und elende Schwätzer die Soldaten guillotinieren ließen, ist vorbei!"

Dann sorgte er dafür, daß dem Direktorium zahlreiche patriotische Kundgebungen aus den Reihen der Armee zugingen, endlich sandte er den energischen General Augereau nach Paris, der, zum Kommandanten der Pariser Garnison ernannt, zwei unverläßliche Direktoren, Carnot und Barthélemy, dann eine Reihe oppositioneller Deputierter und Journalisten verhaften ließ.

Die Unterdrückung der Unruhen im Inneren wirkte auch auf den Gang der auswärtigen Politik; die Friedensverhandlungen in Leoben, 18. April 1797 begonnen, schritten rascher vor, am 17. Oktober 1797 wurde der Friede von Campo Formio abgeschlossen.

Noch keinem republikanischen General wurden derartige Ehren erwiesen, wie Bonaparte sie erfuhr, als er am 5. Dezember 1797 in Paris einzog. Die Regierung feierte ihn durch glänzende Festlichkeiten, die Akademie der Wissenschaften ernannte diesen Mann des Schwertes zu ihrem Mitgliede, das Volk umjubelte in einem wahren Taumel der Begeisterung den Helden, der den ersehnten Frieden brachte. Er selbst blieb kalt und ruhig; er verachtete diese Direktoren, die ihn haßten, aber fürchteten. Und die Volksgunst! „Das Volk würde sich ebenso herzudrängen, wenn ich zum Schafott ginge," sagte er verächtlich.

Dieser Achtundzwanzigjährige, der über einen Berg von Lorbeeren schritt, hatte sich eine Menschenkenntnis erworben, über die kaum ein alternder Mann verfügte. Und das ist vielleicht erstaunlicher als seine Siege und erklärt nicht zum wenigsten das Geheimnis seiner Erfolge.

Seine Zurückhaltung war wohl berechnet; er wußte genau, daß er nicht oft gesehen werden dürfe, da man ihn dann bald nicht mehr beachten würde, aber er hütete sich, Bescheidenheit auch nur zu heucheln. Schon während des ersten feierlichen Empfanges, hatte er in seiner Erwiderungsrede deutlich genug zu verstehen gegeben, daß er mit der bestehenden Verfassung durchaus nicht zufrieden war. „Wenn einmal," hatte er damals den scheinbaren Machthabern gesagt, „das Glück des französischen Volkes auf die besten organischen Gesetze gegründet sein wird, dann wird auch ganz Europa frei werden!" Und dann griff er ruhig und sicher in den Gang der Staatsmaschine ein, gab allen politischen Fragen die ihm zusagende Richtung an und sah darauf, daß die Ausführung seinen Absichten entsprach. Bald konnte Barras sagen: „Das Direktorium kann ohne ihn nichts mehr tun!"

Doch genügte diese friedliche Beschäftigung weder seinem unermüdlichen Tatendrang, noch war sie geeignet, ihn das Ziel erreichen zu lassen, das damals schon, wenn auch vielleicht noch nicht ganz klar, vor seiner Seele schwebte. Nicht einmal Mitglied des Direktoriums konnte er werden, weil ihm das dazu erforderliche Alter von vierzig Jahren fehlte. Er mußte ein neues Feld kriegerischer Tätigkeit suchen. Er hatte es bald gefunden.

Schon seit früher Jugend war Bonapartes träumerischer Sinn oft nach dem sonnendurchglühten Orient geflogen und nachdem er, noch während der Friedensverhandlungen mit Österreich, das wehrlose Venetien unterworfen hatte, faßte er den Entschluß, einen Gedanken zu verwirklichen, der seit langen Jahren auch in Frankreich zahlreiche Anhänger gefunden: die Seeherrschaft über das Mittelmeer und den vorwaltenden Einfluß im Orient.

Mit der Unterwerfung Italiens war der erste Schritt getan; sie sicherte zugleich den Besitz der jonischen Inseln, gelang es noch Malta zu erwerben, so war die Herrschaft im Mittelmeer fest begründet und damit der Weg nach Osten geöffnet. „Man muß nach dem Orient gehen", hatte Bonaparte schon in Italien gesagt, „aller Ruhm kommt von dort. Europa ist ein Maulwurfshaufen, große Reiche und große Umwälzungen hat es immer nur im Orient gegeben, wo 600 Millionen Menschen leben."

Vorläufig schien es, als müßte er diese Pläne doch noch beiseite stellen; es war notwendig, daß Frankreich zum Kampfe gegen England rüste, das sich durch Zerstörung des französischen Seehandels und die Wegnahme mehrerer Kolonien furchtbar gemacht hatte. Eine Landung in England wurde geplant und das Direktorium sah die Bewerbung Bonapartes um die Leitung dieser Unternehmung sehr gern, nicht nur weil es ihm vertraute, sondern weil es froh war, diese überlegene Persönlichkeit mit ihrem Einfluß auf Bevölkerung und Parlament fern der Hauptstadt zu wissen.

Aber der elende Zustand der französischen Flotte nötigte bald das Unternehmen fallen zu lassen und wieder leuchtete in der Phantasie Bonapartes die Farbenpracht des Orients auf. Und konnte nicht auch von dort aus, durch Eroberung Ägyptens, England auf das empfindlichste getroffen werden, indem man den während der Revolution zerstörten Levantehandel Frankreichs wieder herstellte, die Briten aber aus dem mittelländischen und roten Meer vertrieb und ihre beste Kolonie, Indien, bedrohte?

Das Direktorium stimmte solchen Entwürfen um so freudiger zu, als die Eroberung Ägyptens ein alter Wunsch französischer Politiker war und auch dies Unternehmen den gefährlichen General lange genug von Frankreich fern halten mußte.

Er selbst sah voll freudigen Vertrauens in die Zukunft. Ein weites Feld glanzvollster Tätigkeit tat sich vor ihm auf. Um den Ausgang dieser abenteuerlichen Fahrt sorgte er sich nicht. Ihn mußte sie seinem Ziele näher führen. Entstand während seiner Abwesenheit in Europa ein Krieg und wurde dieser von Frankreich unglücklich geführt, so würde er zurückkehren und war der öffentlichen Meinung sicherer als jetzt. „Ist dagegen die Republik im Kriege glücklich, erhebt sich ein neuer Feldherr wie ich, der auf sich die Hoffnungen des Volkes lenkt, gut! Dann werde ich im Orient der Welt vielleicht doch noch mehr Dienste leisten als er!"

Am 19 Mai 1798 schiffte Bonaparte sich an Bord des „Orient" ein; vom Glücke begünstigt, entgingen seine Geschwader der englischen Flotte, Malta konnte besetzt werden, am 1. Juli langte er vor Alexandrien an, binnen wenigen Tagen war die Stadt in seinem Besitz und die Armee zum Vormarsch auf Kairo bereit, wo es, im Angesichte der Pyramiden, zum ersten Zusammenstoß mit den Mamelucken kam. Dann ging es weiter im glühenden Sonnenbrand, unter entsetzlichen Anstrengungen, Entbehrungen und Krankheiten.

    Und vierzig Jahrhunderte, wie Schatten bleich,
    Standen am Nil, erschrock'nen Riesen gleich.
    Und sah'n vom hohen Pyramidenrand
    Die Wüste wimmeln wie ein Höllenland
    Von klirrenden Heeren, die, im Sand begraben,
    Den nackten Fluren neuen Dünger gaben! . . .

Die Expedition nach Ägypten ist vielleicht von allen Unternehmungen Bonapartes die glänzendste; einem jener wundersamen, farbenprächtigen Märchen gleich, wie sie nur die leuchtende Sonne des Orients hervorzuzaubern vermag, stellt sie sich dar, ist sie von Bewunderern und Neidern angesehen worden — aber von reellem Erfolg begleitet war sie im Grunde doch nicht. Was die französische Regierung sich von dem Unternehmen versprochen, was Bonaparte selbst von ihm erwartet, ist nicht eingetroffen. Wohl aber hatte er weithinleuchtenden neuen Ruhm sich erworben und den Beweis geliefert, daß er nicht nur zu siegen, sondern auch unverschuldetem Unglücke stark, trotzig und erfolgreich die Stirne zu bieten wußte.

Denn die Lage seines verhältnismäßig kleinen Heeres wurde von Tag zu Tag schwieriger, der Sultan, der anfangs der französischen Invasion gleichmütig und untätig zugesehen, machte nun, aufgestachelt durch England und Rußland, seine Rechte auf Ägypten geltend und die Vernichtung der französischen Flotte durch die Engländer war ein furchtbarer Schlag. Von einer großen Offensive gegen England in Asien konnte nicht mehr die Rede sein, da eine Ergänzung des zusammengeschmolzenen Heeres unmöglich geworden war; die Bevölkerung war zur Empörung gegen den fremden Eroberer bereit, Mangel an Geld machte sich immer fühlbarer, neue türkische Streitkräfte befanden sich auf dem Anmarsch — es galt jetzt nur noch das in Ägypten Erworbene zu behaupten und zu sichern.

Und aus der Heimat kamen trübe Nachrichten — um so mehr entzückten sie Bonaparte. Der Krieg war neuerdings ausgebrochen, in Deutschland unterlagen die französischen Heere den wuchtigen Schlägen des Erzherzogs Karl, in Italien schritten Österreicher und Russen Schulter an Schulter von Sieg zu Sieg. Von dem ganzen Gebiete der aus französischen Republiken bestehenden apenninischen Halbinsel bis an die Etsch war den Franzosen nur der schmale Streifen von Nizza bis Genua geblieben, ganz Ober- und Mittelitalien wurde von den Österreichern besetzt, das Königreich Neapel wieder hergestellt. Schon waren die Grenzen Frankreichs vom Feinde bedroht.

Als der Kommandant der englischen Blockadeflotte Bonaparte triumphierend wissen ließ, daß Italien für Frankreich verloren sei und das Direktorium seine Rückkehr wünsche, er diese aber zu verhindern beauftragt sei, da ahnte der Engländer nicht, welche Freude er Bonaparte mit dieser Unglücksbotschaft bereite.

Man bedurfte seiner, also hatten die Feldherren sich nicht bewährt, also mußte er an die Spitze der Heere treten; die Direktoren waren der Lage nicht gewachsen, also mußte die Leitung seinen starken Händen anvertraut werden. Übrigens war auch die Rettung des Heeres in Ägypten, die Sicherung des begonnenen Kolonisationswerkes nur möglich, wenn eine feste Regierung die Mittel zu neuen Rüstungen zu finden vermochte.

Bonaparte war sofort entschlossen nach Frankreich zurückzukehren.

„Was wir mit Anstrengung und Blut erobert haben," sagte er zu Marmont, „ist verloren gegangen; weiß Gott, wie weit die Feinde Frankreichs bereits vorgedrungen sind. Was vermögen diese Unfähigen, die heute den Staat regieren? Alles ist Dummheit, Unwissenheit und Fäulnis bei ihnen. Ich allein habe die Last getragen, ohne mich hätten sie niemals Dauer gewonnen. Mit meiner Abwesenheit mußte alles zusammenbrechen. Jetzt gilt es zu wagen. Das Glück wird mich nicht verlassen! Man wird in Frankreich fast zu gleicher Zeit den Sieg von Abukir und meine Ankunft erfahren. Meine Gegenwart wird die Geister beleben, das Selbstgefühl der Truppen herstellen und den guten Bürgern Hoffnung auf eine bessere Zukunft eröffnen. Wir müssen versuchen, nach Frankreich zu gelangen und wir werden hinkommen!"

Um das Heer nicht zu entmutigen, wurden die Vorbereitungen zur Heimreise in aller Stille getroffen; nur wenige Getreue erfuhren davon. In der Nacht vom 21. zum 22. August 1799 schiffte Bonaparte sich ein, erprobte Generale und Offiziere begleiteten ihn: Berthier, Lannes, Marmont, Duroc, Murat, Andréossy, Bessières; von Gelehrten, die seinen Ruhm in den Kreisen der Kunst und Wissenschaft zu verbreiten hatten, Berthollet, Monge, Danon.

Die abenteuerliche Reise gelang trotz aller, durch widrige Winde hervorgerufenen Hemmnisse, trotz der Wachsamkeit der Engländer, welche auf Bonapartes Fregatte Jagd machten. Am 9. Oktober landete sie in Fréjus.

Mit Bonaparte zugleich traf tatsächlich die Nachricht von dem glänzenden Siege bei Abukir (25. Juli) in Frankreich ein. Man dachte nicht an die gewaltigen Opfer, die das Unternehmen gekostet, nicht an den zweifelhaften Ausgang der ganzen Expedition, man sah nur den kleinen Mann, den eine Gloriole von Glanz und

Ruhm umflutete, den Erretter aus der Not des neuen Haders. „Ohne zu wissen, was er tun wolle," schrieb ein Augenzeuge des Empfanges, „ohne vorherzusehen, was kommen werde, hatte jeder und zwar in allen Klassen, die Überzeugung, Bonaparte werde der Agonie ein Ende bereiten, in der Frankreich zugrunde ging. Man umarmte sich auf den Straßen, man drängte sich auf seinen Weg und suchte ihn zu sehen."

„Schlagen Sie den Feind" rief ihm ein Redner entgegen, „vertreiben Sie ihn, General, und dann machen wir Sie zum König, wenn Sie es wollen!..."

Die Fahrt nach Paris war ein Triumphzug, und in fieberhafter Aufregung erwarteten den General die Bewohner der Hauptstadt; Kanonendonner und unermeßlicher Jubel empfing ihn, als er in Paris eintraf.

Aber der gefeierte Held war jetzt noch zurückhaltender als vor zwei Jahren; er zeigte sich wenig, und wenn er irgendwo erscheinen mußte, tat er es in allereinfachster bürgerlicher Kleidung. Auch sein Benehmen gegenüber den beiden großen Parteien, den Gemäßigten und den Jakobinern, war überaus klug berechnet, so daß jede ihn für sich reklamieren konnte. „Es ist die Zeit meines Lebens" sagte er später „wo ich mich am geschicktesten benahm."

Tatsächlich erreichte er, was er wollte: Alles suchte ihn, umdrängte ihn, sein Haus war förmlich belagert. Er selbst war längst nicht mehr im Zweifel über sein nächstes Ziel: das Direktorium zu sprengen und die oberste Staatsgewalt an sich zu reißen, nur über das Wie? war er noch nicht ganz im Klaren.

Die Verhältnisse kamen ihm auch jetzt zu Hilfe. Noch während seiner Abwesenheit hatte ein Teil des Direktoriums unter der Führung des Abbé Sieyès eine Verfassungsänderung geplant und eben in dem Augenblick, als Bonaparte sich der Hauptstadt näherte, hatte der Abbé den General Moreau zu überreden versucht, den Staatsstreich auszuführen. Moreau lehnte ab. „Das ist Ihr Mann" sagte er mit Hinweis auf den aus Ägypten heimkehrenden Bonaparte, „der wird sich auf den Staatsstreich besser verstehen als ich". Sieyès befolgte den Rat und binnen wenigen Tagen war eine Verständigung herbeigeführt. Einer Anregung seiner Gemahlin folgend, suchte Bonaparte auch Barras für den Plan zu gewinnen, als aber dieser die Unvorsichtigkeit beging zu verraten, daß er selbst nach der höchsten Stelle im Staate strebe, zögerte Bonaparte keinen Augenblick den guten Freund energisch aus dem Weg zu schieben.

Vorerst wurde nun die Legislative nach St. Cloud verlegt und dort die Truppen unter dem Befehle Bonapartes versammelt, angeblich zum Schutze der Kammern gegen einen Handstreich der Jakobiner, tatsächlich aber um die Verfassungsänderung mit Gewalt durchzuführen.

Der für den 18. Brumaire (9. November 1799) geplante Staatsstreich mißlang vorläufig, denn die jakobinischen Abgeordneten setzten der Beratung der Verfassungsänderung den heftigsten Widerstand entgegen, ergingen sich in leidenschaftlichen Ergüssen gegen die drohende Militärdiktatur, und als Bonaparte selbst, von einigen Grenadieren begleitet, im Saale der Fünfhundert erschien, wurde er mißhandelt und konnte nur mit Mühe ins Freie gerettet werden. Im Saale aber wurde der Antrag gestellt, Bonaparte als Hochverräter zu ächten. Vergebens wandte der Präsident der Fünfhundert, Lucian Bonaparte, seine ganze Beredsamkeit auf, den Sturm zu beschwören, er geriet selbst in Lebensgefahr und mußte durch einige Grenadiere aus dem Saale geleitet werden. In diesem kritischen Augenblick entwickelte Lucian die höchste Entschlossenheit. Er forderte die Truppen auf, ihn und die Mehrheit der Abgeordneten vor einer „Minderheit von Briganten" zu schützen und als die Soldaten noch zögerten, setzte er seinem Bruder den Degen auf die Brust mit den pathetischen Worten: „Ich schwöre, meinen eigenen Bruder niederzustoßen, falls er jemals die Freiheit der Franzosen gefährden sollte!"

Der Theatercoup wirkte. „Sollen wir in den Saal dringen?" fragte General Murat. „Ja," antwortete Bonaparte kurz, und schon im nächsten Augenblick sah man die Abgeordneten über Hals und Kopf aus den Fenstern des Beratungssaales springen

Der Staatsstreich war geglückt. Das Direktorium wurde

aufgehoben, die Regierung drei Konsulen übertragen: Bonaparte, Sieyès und Roger Ducos.

In Paris und in ganz Frankreich begrüßte man den Gewaltstreich mit aufrichtiger Freude; angeekelt von dem sinnlosen Treiben der Demagogen, die Frankreich an den Rand des Abgrundes gebracht hatten, streckten sich alle Hände einem Befreier entgegen, wer immer es sein mochte, und wenn die aufrichtigen Anhänger der Republik auch für ihre Staatsform zitterten, sie sahen an der Spitze der Macht doch lieber einen einzigen Mann von Talent und Willenskraft, als einen Klub unfähiger Intriganten.

Schon wenige Wochen nach dem Staatsstreich konnte Abbé Sieyès sagen: „Wir haben einen Herrn. Der General Bonaparte kann alles, weiß alles, will alles!"

Tatsächlich überraschte der geniale Mann selbst jene, die möglichst hoch von ihm dachten, durch seine Kenntnisse, die Sicherheit seines Urteils, die praktische Auffassung auf allen Gebieten der Politik und Verwaltung und nicht zuletzt durch seine verblüffende Arbeitskraft. Und es war fürwahr keine leichte Aufgabe, vor welcher Bonaparte sich gestellt sah; die Männer, welche Frankreich mit Freiheit, Gleichheit und Brüderlichkeit zu beglücken bestrebt gewesen waren, hatten es in einen Sumpf geführt, aus welchem ein Entrinnen kaum möglich schien. Die Heere in Deutschland, in Italien, in der Schweiz und in Holland, zum Teil durch harte Niederlagen entmutigt, schlecht bekleidet, ohne Besoldung, Ausrüstung und Verpflegung, mußten sich durch Erpressungen aller Art zu helfen suchen. Das Justizwesen, dem wohl nach der schönen Devise der sogenannten Freiheitsmänner die allergrößte Sorgfalt hätte gewidmet werden sollen, lag vollständig darnieder, finanziell aber stand Frankreich geradezu vor dem Bankrott. Am Tage nach dem Staatsstreich fand der neue Finanzminister in dem Schatze Frankreichs bare 167.000 Franks, im übrigen aber Anweisungen von Lieferanten auf Steuereinnahmen der — Zukunft.

In wenigen Monaten gelang es Bonaparte, eine Gesundung der trostlosen Verhältnisse im Innern des Reiches anzubahnen; sein erstes, vollständiges Werk war jedoch eine Verfassung, die freilich einer monarchischen verzweifelt ähnlich sah.

An der Spitze der Regierung standen drei Konsuln, auf zehn Jahre gewählt. Der erste Konsul, Napoleon Bonaparte, ernannte die Minister, die Diplomaten, die Verwaltungsbeamten, die Offiziere und den größten Teil der Richter; er erließ Verordnungen mit Gesetzeskraft, vollzog die Gesetze und führte den Oberbefehl über das Heer. Seine beiden damaligen Mitkonsuln — Cambacérès und Lebrun, sehr tüchtige Juristen — hatten nur beratende Stimmen. Ein Senat von 80 Mitgliedern auf Lebenszeit, wählte den gesetzgebenden Körper mit 300 und das Tribunat mit 100 Mitgliedern, bedeutungslose Volksvertretungen, ohne das Recht der Initiative. Das Tribunat war wohl ermächtigt, über die von der Regierung vorgeschlagenen Gesetze zu debattieren, darüber abstimmen durfte es nicht; der gesetzgebende Körper aber debattierte nicht, sondern stimmte schweigend über die Vorlagen des Tribunates ab.

Am 25. Dezember 1799 trat Bonaparte sein Amt an und die erste Kundgebung war eine waffenklirrende Proklamation an Heer und Volk:

„Indem ich Frankreich den Frieden versprach, war ich euer Organ. Ich kenne eure Tapferkeit. Nicht mehr unsere Grenzen gilt es zu verteidigen, sondern in die feindlichen Staaten einzubrechen. Zur rechten Zeit werde ich in eurer Mitte sein und Europa wird erfahren, daß ihr einem Heldengeschlecht angehört!" . . .

Wenn Bonaparte, an die Spitze des französischen Staates gelangt, sich sofort mit weitgreifenden Eroberungsplänen trug, so folgte er dabei zum großen Teil den Ideen der Revolutionsmänner, denen es nur an der Kraft gefehlt, diese Ideen zu verwirklichen. Die Absicht, an der englischen Küste zu landen, sich der Quellen des britischen Reichtums in Indien zu bemächtigen, Entschädigung und Vergrößerung dafür auf Kosten der europäischen Staaten zu suchen — mit all diesen Plänen hatten sich schon die Männer der Revolution getragen.

„Das war freilich ohne System und Methode," sagt ein bedeutender österreichischer Historiker, „und es bedurfte eines Kopfes von überlegener Klarheit und praktischer Einsicht, um beides hineinzubringen. Hier erst beginnt der selbsttätige Anteil Bonapartes an der Politik der Revolution. Bis dahin ist er nur ihr Schüler und Anwalt gewesen, soweit sein persönliches Interesse — und ein anderes kannte er nicht — sich mit ihr deckte. Sie hatte keine Grenzen, sein Ehrgeiz ebensowenig. Um diesem zu genügen, wird er, da er in Frankreich das Heft in die Hand bekommt, den Dingen einfach ihren Lauf lassen und vor ihm sich der Prospekt auf eine Weltherrschaft öffnen, wie sie noch kaum eine Gewalt der Erde begründet hat." „Ich hatte gut das Steuer führen", sagte er später einmal, „die Wogen waren doch immer stärker, als meine Hand. Ich war niemals so eigentlich mein eigener Herr; ich wurde stets von den Umständen beherrscht. Ein Mensch ist eben nur ein Mensch; seine Kräfte sind nichts, wenn Umstände und allgemeine Stimmung ihn nicht begünstigen."

Und die Friedensstimmung, wie sie damals in Frankreich allgemein herrschte, war doch nicht so geartet, daß die Franzosen sich mit einem bedingungslosen Niederlegen der Waffen begnügt hätten. Man wollte einen ruhmvollen und dauernden Frieden und der war jetzt, nach dem kriegerischen Ergebnissen des Jahres 1799, nicht ohne neue glorreiche Kämpfe zu erreichen.

Die Ideen der französischen Revolution, die Stimmung in Frankreich trafen demnach vollständig mit dem brennenden Ehrgeiz und dem gewaltigen Tatendrang des ersten Konsuls zusammen, der zur Befestigung seiner Machtstellung, zur Erreichung des letzten Zieles, das ihm vorschwebte, mehr denn je unerhörter Waffenerfolge bedurfte.

Und er sollte sie erringen; dank seinem Genie und seinem Glück!

Die strategische Anlage des Feldzuges vom Jahre 1800 gehört zu jenen Taten, wie sie nur von einem genialen Feldherrn erwartet werden können, aber zweifellos ist es auch, daß Bonapartes Gegner im Felde ihm bereits im Herbste des Jahres 1799 die Wege zu seinem entscheidendsten Siege geebnet hatten. Inmitten von Operationen, die folgenschwer werden mußten, hatten sie es für gut befunden, einschneidende Änderungen in der Verwendung ihrer einzelnen Heeresteile eintreten zu lassen: Suworow mußte seine Russen in die Schweiz führen, Erzherzog Karl sich gegen den Mittelrhein wenden, um nach der Einnahme von Mainz den von England und Rußland beabsichtigten Angriff auf Holland zu unterstützen und durch die Wiedereroberung Belgiens die freie Verfügung des Kaisers über dieses ehemalige habsburgische Besitztum zu gewinnen.

Gegen die Zweckmäßigkeit dieses neuen Operationsplanes mag wenig eingewendet werden können, wenn man nur die Ausführung desselben den Feldherren überlassen hätte. Aber man berief Suworow aus Italien, bevor er die vollständige Besetzung dieses Landes durchgeführt hatte, und den Erzherzog aus der Schweiz in dem Augenblick, da das Korps Korsakows dort eintraf und nunmehr allein den überlegenen Angriffen der Franzosen ausgesetzt war. Korsakow wurde geschlagen und seine Niederlage hatte den Verlust der Schweiz zur Folge; von welcher Bedeutung aber dieser Verlust war, zeigte sich voll und ganz erst in dem Feldzuge des Jahres 1800. Denn der Besitz jenes Landes ermöglichte den ebenso genialen als verwegenen Plan Bonapartes, die vorgeschobenen Stellungen der Österreicher in Piemont zu umgehen, ihre Rückzugslinie zu bedrohen und an den Po zu gelangen, der Besitz der Straßen zwischen Deutschland und Italien aber setzte ihn in den Stand, die Division Moncey von dem Heere Moreaus in Deutschland an sich zu ziehen und dadurch eine Stellung zu gewinnen, aus welcher weltbewegende Ereignisse hervorgingen.

Der Sieg von Marengo, den Bonaparte nicht seinem Genius, sondern der Unfähigkeit seiner Gegner und der Tüchtigkeit seiner Generale verdankte, bedeutet einen Wendepunkt in der Geschichte, da er die Grundlage des napoleonischen Kaisertums bildet. Ohne Marengo keine Kaiserkrone! Der Staatsstreich hatte den jungen General wohl an die Spitze des Staates gebracht, aber die wenig rühmliche Rolle, die er dabei gespielt, sein Ansehen eher vermindert als erhöht und eine erste und einzige Niederlage im Felde mußte ihn spurlos verschwinden machen. Um so tiefer wirkte die Nachricht dieses entscheidenden Sieges über den gefährlichsten Gegner und mit vollem Rechte konnte Bonaparte sagen, nachdem er noch viel mehr des Ruhmes auf sich und sein Reich gehäuft: „Ich werde für die Franzosen doch immer nur der Mann von Marengo bleiben!" Kein Wunder auch, daß er später die Darstellung des Verlaufes der Schlacht bis zur Unkenntlichkeit zu verwirren trachtete.

Und das Glück war ihm in jenem Jahre besonders gnädig, denn es kann mit Grund angenommen werden, daß die Schlacht bei Marengo, trotz alledem kaum jene Bedeutung gehabt hätte, wenn nicht Erzherzog Karl, müde der unausgesetzten Bevormundung, den Oberbefehl über die Armee in Deutschland niedergelegt hätte, wodurch die Leitung in unsäglich schwache Hände gelangte. Denn die geistige Überlegenheit des Erzherzogs Karl über jene Moreaus hatte sich im Laufe der Revolutionskriege wiederholt gezeigt — den jungen und unerfahrenen Erzherzog Johann und seine sonderbaren Ratgeber konnte der französische Heerführer in Deutschland leicht überwältigen.

Der Krieg hatte Bonaparte nicht gehindert, den Vorgängen in der Heimat scharfen Blickes zu folgen und bald nach Marengo reiste er nach Paris. Seine Anwesenheit war dringend notwendig geworden. Die Finanznot machte sich immer fühlbarer, die öffentliche Unsicherheit nahm infolgedessen von Tag zu Tag zu, zahlreiche Räuberbanden zeigten sich schon in der Nähe der größten Städte. Der Energie Bonapartes gelang es binnen kurzem geordnetere Verhältnisse herbeizuführen; durch Kontributionen in Italien und Deutschland half er dem Geldmangel ab, durch gute Verwaltung und gerechte Verteilung der direkten und indirekten Steuern eröffnete er sich neue Quellen und verwendete die Mittel zu öffentlichen Arbeiten. Besondere Aufmerksamkeit widmete er der Justizpflege und ließ ein neues bürgerliches Gesetzbuch, eine Neukodifikation des Handelsrechtes, der Prozeßordnung und des Strafrechtes ausarbeiten. Aber er suchte auch die einzelnen Parteien einander näher zu bringen, rief die Emigranten zurück und setzte sie wieder in ihren Besitz ein, soweit dieser noch nicht in den Händen des Staates war. Endlich schloß er Frieden mit der Kirche, eine Tat von unermeßlicher Tragweite.

Gleichzeitig mit dieser tatsächlichen Neuschaffung Frankreichs trat freilich auch das letzte Ziel seines persönlichen Ehrgeizes immer deutlicher zutage. Und es rief weder Schrecken noch Entrüstung bei dem größten Teile der Bevölkerung hervor. Diese schwärmte ja für den Helden, der sie aus bitteren Nöten gerettet und mit Glanz umgeben hatte.

Anfangs spielte Bonaparte noch die Rolle eines einfachen bürgerlichen Mannes fort, und als man ihn nach Marengo mit Triumphbogen und Feierlichkeiten empfangen wollte, lehnte er den „Firlefanz" barsch ab; auch da man ihm nach den Friedensschlüssen von 1801 ein Denkmal errichten wollte, sagte er noch: „Ich nehme das Monument an, das ihr mir setzen wollt, möge der Platz dafür besorgt bleiben; aber überlassen wir dem kommenden Jahrhundert die Errichtung, wenn es die gute Meinung teilen sollte, die ihr von mir habt."

Doch bildete sich nach und nach, wie von selbst, ein Hof um den ersten Konsul, der nunmehr in dem Königschloß der Tuilerien residierte und eine Garde zu seiner Verfügung hatte; dann gründete er, im Widerspruch mit den republikanischen Grundsätzen, 1802 den Orden der Ehrenlegion, und der Menschenkenner hatte sich nicht getäuscht: seine Republikaner drängten sich um diese Auszeichnung.

Wenn jemand überhaupt noch über die letzten Ziele des genialen Mannes in Zweifel gewesen sein konnte, die einschneidende Änderung in der Verfassung, die auf seine Weisung hin vorgenommen wurde, sprach deutlich genug. Bonaparte ließ sich 1802 das Recht der Begnadigung und die Befugnis, Verträge mit fremden Mächten zu ratifizieren sowie die Senatoren zu ernennen, übertragen, und wenn diesen dafür auch einige Scheinrechte eingeräumt wurden, sie waren jetzt doch nur Werkzeuge in der Hand der ersten Konsuls, der nunmehr auf Lebenszeit ernannt wurde. „Von nun an," sagte Bonaparte, „stehe ich auf der gleichen Höhe mit den anderen Souveränen, denn im Grunde sind sie es ja auch nur auf Lebenszeit. Es ist nicht gut, daß die Autorität eines Mannes, der die Politik von ganz Europa lenkt, schwankend sei, oder es auch nur scheine."

Die Bevölkerung folgte willenlos dem Gewaltigen, auch als er begann willkürlich, launisch, ungerecht zu werden. Wohl versuchten einzelne sich aufzulehnen, und ihr Haß äußerte sich in Attentaten gegen das Leben des ersten Konsuls. Aber diese Attentate erleichterten ihm nur den Lauf zur Alleinherrschaft, bahnten ihm die Wege zu Thron und Diadem. Man begann für sein Leben zu zittern, man entsetzte sich vor dem Gedanken, was geschehen würde, wenn der Heros erliegen sollte, man schauderte zurück vor der Möglichkeit der Wiederkehr vergangener Schreckenstage! Ihn vor Dolch, Gift oder Bomben zu schützen war wohl nicht möglich, aber man sagte sich, daß Verschwörungen und Attentate aussichtslos sein und deshalb ausbleiben würden, wenn an Bonapartes Seite ein legitimer Erbe stünde. Aber man wartete nicht, daß er nach der Krone greife, man trug sie ihm entgegen, man bat ihn, sie anzunehmen.

Und Bonaparte zögerte; er ließ sich bitten. Am 18. Mai 1804 wurde ihm vom Senat, vom gesetzgebenden Körper und vom Tribunat die Kaiserwürde angeboten; das Volk fragte man nur, ob diese Würde in der Familie Bonaparte erblich sein solle.

Und das Volk sagte: „Ja." Frankreich hatte den ersten Kaiser.

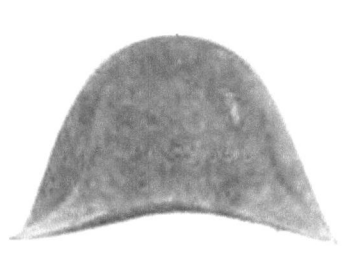

Nicht weil Napoleon ein Eroberer war, hat er den unschätzbaren Wert eines großen und in jeder Beziehung starken Heeres erkannt, sondern weil er ein bedeutender Regent und Staatsmann war. Denn diese Anschauung war nicht ihm allein eigentümlich, er teilte sie vielmehr mit all seinen kongenialen historischen Vorgängern, sie mochten auf legitimen Wegen zur Macht gelangt sein oder nicht. Auch war Napoleon durchaus nicht der Schöpfer jener Heere, die unter seiner Führung mit unvergänglichem Ruhm sich bedeckt, er hatte sie bereits vorgefunden, sie nur weiter ausgebildet, umgeformt, mit seinem Geist erfüllt.

Wie die anderen europäischen Staaten hat auch Frankreich unter den Königen die freiwilligen oder notgedrungenen Kriege mit geworbenen Heeren geführt und damit schlecht und recht das Auskommen gefunden; die französische Revolution mit ihren Übergriffen und Exzessen, mit ihren Eroberungsgelüsten und verworrenen Ideen, die aber nach Verwirklichung strebten, sah sich naturgemäß bald im Inneren und außerhalb der französischen Grenzen einer solchen Menge von Feinden gegenüber, daß zu deren Bekämpfung die durch Werbung zusammengebrachte Schar von Kriegern nicht mehr ausreichte. Man appellierte deshalb an den Patriotismus der Bewohner und erklärte lärmend die Verteidigung des Vaterlandes, das man freilich selbst in Gefahr gebracht hatte, für eine Ehrensache eines jeden freien Bürgers. „Aux armes, citoyens!" Nur nützte dieser Appell verzweifelt wenig. Es blieb nichts anders übrig, als die „freien" Franzosen insgesamt zum Waffendienst zu zwingen, die allgemeine Wehrpflicht gesetzlich einzuführen (23. August 1793).

So wurde es möglich gemacht, daß man mit verhältnismäßig geringer Mühe und bedeutend weniger Kosten nicht nur zahllose, sondern auch verläßlichere Soldaten gewann, als es die fremden, mit Geld geworbenen waren. Die französische Revolution hat das schier unerschöpfliche Reservoir geschaffen, aus dem Napoleon seine Krieger entnahm; er hatte deren immer, wenn nur die Frauen ihre Pflicht taten. Und damals taten sie diese Pflicht in Frankreich noch.

Mit der Einführung der allgemeinen Wehrpflicht fiel aber auch die Schranke, die bisher die Entwicklung und Betätigung jeder hervorragenderen militärischen Begabung verhindert hatte; der Weg zu den höheren und höchsten Stellen im Heere — in dem Frankreich der Bourbons bei weitem mehr als in allen anderen europäischen Staaten ausschließlich den priviligierten Ständen vorbehalten — stand nunmehr jedem Talente offen. Damit aber wurde der Stand selbst geadelt, weil der letzte Gemeine den goldenen Marschallsstab im Tornister trug, und wenn man noch zu Zeiten Ludwigs XVI. in den öffentlichen Gärten von Paris Tafeln sehen konnte mit der Aufschrift: „Hunden, Dirnen, Bedienten und Soldaten ist der Eintritt verboten", so war jetzt mit einem Schlag dieser verachtete Stand zum vornehmsten im Reiche geworden.

In diesem von der französischen Revolution geschaffenen System lag bereits eine solche Macht, daß es wundernehmen muß, wie verhältnismäßig geringe Erfolge sie anfangs damit errungen. In der Hand eines genialen Mannes, der es auszunützen verstand, mußte es dem Gegner furchtbar werden.

Napoleon hat die weittragende Bedeutung dieses Systems auf den ersten Blick erkannt, hat es erweitert und ausgebildet, bis das Heer in seiner Hand eine Waffe wurde, die lange Zeit hindurch unzerbrechlich schien. Er milderte das in seiner ersten Form zu harte und manchmal unzweckmäßige Konskriptionssystem, indem er Befreiungen eintreten ließ, namentlich für solche, die durch ihre bürgerlichen Arbeiten bessere Dienste leisten konnten als durch ihren Eintritt in die Armee, regelte die Aushebung, sorgte für den Offiziersnachwuchs und für die militärische Erziehung der Nation. Die durch die Männer der Revolution vorbereitete zweckmäßige Gliederung der Armee in Divisionen, Brigaden und Halbbrigaden erweiterte er, indem er

Infanterie- und Kavalleriekorps bildete, die Artillerie beweglicher machte. Er schuf einen Generalstab. In genialer Weiterentwicklung der Gefechtsformationen, die bereits während der ersten Revolutionskriege als Verstärkung der schwachen Schützenlinien in Form von Bataillonskolonnen vorhanden waren, bildete Napoleon dann seine berühmten Angriffskolonnen, die er stets auf den entscheidenden Punkten zu vereinigen wußte, und fügte endlich seiner Schlachtanlage ein neues Glied ein, die Reserve, die er mit damals noch ungeahnten Erfolgen verwendete.

In einer Beziehung versagte allerdings auch die Tatkraft Napoleons: die Bekleidung und Verpflegung seiner Truppen ließ bis zuletzt zu wünschen übrig. Eine einheitliche Uniformierung wurde nicht einmal im Frieden erreicht, die Verschiedenheit und Buntheit der Uniformen nahm vielmehr von Jahr zu Jahr zu, denn die Heeresverwaltung war nicht imstande, den Bedarf zu decken, so daß die Soldaten sich der Monturen der gefallenen, verwundeten oder gefangenen Gegner bedienen mußten, und im Jahre 1809 wimmelte es in der französischen Armee von preußischen, österreichischen und russischen Uniformen.

Auch der Grundsatz, daß der Krieg den Krieg ernähren müsse, führte nie zu geregelter Verpflegung, denn von den Abgaben, welche die eroberten Gebiete leisten mußten, floß der größte Teil in die unergründlichen Taschen der französischen Marschälle und Generale, und den Betrügereien der diebischen Beamten der Heeresverwaltung vermochte nicht einmal der Kaiser zu steuern. Selbst über die Besoldung hatte der Soldat Grund genug zu klagen; er erhielt meist papierene Anweisungen, die er tief unter dem Nennwerte begeben mußte, oder Bronzemünzen, die aus dem Metalle zertrümmerter Kirchenglocken hergestellt und der Armee in großen Karren nachgeführt wurden.

Trotzdem und trotz der ungeheuerlichen Ansprüche, die der Kaiser an die Leistungsfähigkeit und Opferwilligkeit seiner Soldaten stellte, hingen diese lange Zeit hindurch mit fast abergläubischem Enthusiasmus an dem Manne, der ihnen die Bahn zum Ruhme, zu Geld und Glück eröffnet, und wer Soldatenblut in den Adern hatte, verehrte ihn wie einen Gott. „Wenn er befiehlt," sagte General Junot, „lasse ich ohne Zögern Weib und Kind im Stich. Der Kaiser für sich allein ist meine ganze Familie!" „Wenn er will", sagte Davout, „opfere ich ihm mein Liebstes auf Erden!"

Vom ersten Augenblick seiner Kommandoführung an hatte Napoleon Bonaparte die Zuneigung seiner Soldaten zu ge-

Marschall Davout, Herzog von Auerstädt.

winnen gewußt. Lag doch schon in seinem Wesen etwas, was sie unwiderstehlich anziehen mußte; sah er doch einem französischen König von ehedem so gar nicht ähnlich, schien viel eher einer der ihrigen zu sein. „Seine unteroffiziersmäßige Knotigkeit, seine heftigen Bewegungen, sein schlechtes Französisch, die Worte, die sich auf seinen Lippen überstürzten, seine unüberlegten, zuweilen rohen Aussprüche, das Zeichen des Kreuzes, das er machte, um menschliche Dummheit bedauernd zu bezeichnen, kurz, all die gesellschaftlichen Mängel, die die Staatsmänner, ja selbst den geduldigen Papst Pius VII. und die Generale des Kaisers in Staunen versetzten, brachten ihn dem gewöhnlichen Mann näher." (Weber-Lutkow.)

Und wie die Soldaten unterlagen auch die Generale, die anfangs dem wenig bekannten, jungen Oberbefehlshaber mit kaum verhehltem Mißtrauen und fast feindselig entgegentraten, bald genug dem beherrschenden Einfluß Bonapartes, und später konnten sich demselben auch Kaiser und Könige nicht entziehen, so zwingend wirkte auf sie die dämonische Natur dieses Mannes, mochten sie ihn auch im Innersten ihres Herzens immerhin einen Parvenu nennen!

Es waren allerdings nicht nur die persönlichen Eigenschaften des Kaisers, auch nicht die großartigen Erfolge, durch welche er Frankreich und dessen Heer wie in ein Meer von Licht und Glanz getaucht, welche ihm diese Bewunderung und Anhänglichkeit eingetragen, er verdankte sie nicht zum wenigsten den großen materiellen Vorteilen, welche so vielen Einzelnen durch sein Wirken zugute kamen. Ein Menschenkenner wie wenige hat Napoleon stets mit dem Egoismus zu rechnen verstanden. Über die klingenden Phrasen von Freiheit, Gleichheit und Brüderlichkeit, mit welchen die „Ideologen" der französischen Revolution eine Zeitlang so nachdrücklich gearbeitet, hat er verächtlich gelächelt. „Die Franzosen brauchen nur Ruhm und die Befriedigung ihrer Eitelkeit," meinte er, „von der Freiheit verstehen sie nichts."

Die Republik setzte bei den Soldaten nur Seelengröße und Selbstlosigkeit voraus und vergaß, daß solch schöne Eigenschaften wohl bei einzelnen, nie aber bei der überwiegenden Mehrheit gesucht werden können und dürfen. Sie schaffte alle Auszeichnungen, Titel und Ehrenzeichen ab. Napoleon erkannte sofort den Fehler und setzte die Belohnungen, Titel und Ehrenzeichen wieder ein, trug aber klugerweise dem mächtig geweckten Streben nach „Gleichheit" Rechnung, indem er solche Auszeichnungen allen ohne Unterschied zugänglich machte. Er stiftete den Orden der Ehrenlegion und schmückte damit den gemeinen Mann, wie die Höchsten im Heere, wie sich selbst. Mit diesen Auszeichnungen verband er jedoch auch ansehnliche Renten, bedeutendere noch mit den Herzog- und Fürstentiteln, die er hervorragenden Militärs und Staatsmännern verlieh. Im Jahre 1808 verteilte er an seine Marschälle 11 Millionen, teils bar, teils in Rententiteln; davon erhielt Berthier eine Million, Ney, Davout, Soult und Bessières je 600.000, Massena, Augereau, Bernadotte, Mortier und Victor je 400.000, die übrigen je 200.000 Francs. Später vermehrten sich diese Einkünfte bedeutend; so bezog Berthier 1,350.000, Davout 910.000, Ney 728.000, Massena 683.000 Francs jährlich.

Schon als er im Frühjahre 1796 das Oberkommando in Italien übernahm und den berühmt gewordenen Armeebefehl erließ, war darin von Vaterland und Freiheit, die in den Anreden der republikanischen Führer eine so große Rolle gespielt, keine Rede mehr, wohl aber appellierte er an den Ehrgeiz und die Selbstsucht seiner Soldaten: „Ihr seid nackt und schlecht genährt . . . ich will euch in die fruchtbarsten Ebenen der Welt führen! Blühende Provinzen und große Städte werden zu eurer Verfügung sein; dort werdet ihr Ehre, Ruhm und Reichtum finden. Soldaten von Italien! solltet ihr es da an Mut und Ausdauer fehlen lassen?" . . . Und seinen Generalen sprach er später von dem „Kaisertum Europa", in welchem die einzelnen Länder ihnen als Lehen zufallen sollten, mit einer glorreichen Aussicht auf Pracht und Reichtum.

Die Ethik dieser Handlungsweise mag anfechtbar sein, aber Napoleon wußte eben, daß er mit Menschen zu rechnen hatte, und er täuschte sich nicht, so lange sein − Glück währte! Allerdings nur so lange. Und der Hauptfehler, den er begangen, ist wohl der, daß er zu viel auf dieses Glück gebaut. Da es ihm untreu wurde, erlosch nach und nach die Begeisterung für ihn; unter der Mannschaft nahm die Lust, sich selbst zu verstümmeln, um kriegsdienstuntauglich zu werden, immer mehr zu, und die Generale, müde des Ruhmes, den er auf sie gehäuft, strebten nur mehr danach, die erworbenen Güter zu genießen. „Glaubt denn der Kaiser," sagte Marschall Lefebvre einmal, „daß wir uns seinetwegen werden töten lassen, nun, da wir Würden, Schlösser und Ländereien besitzen! Es ist sein eigener Fehler, warum hat er uns den Bettelsack so zeitlich vom Rücken genommen!" . . .

*   *   *

Es ist oft gesagt worden. daß Napoleon Männer, die seinem Ehrgeiz gefährlich werden konnten, unschädlich gemacht und entfernt habe. Das ist zweifellos richtig, obwohl schon das Glück, das ihm so lange gewogen war, dies manchmal selbst besorgte. Doch wenn er selbst, mißtrauisch, in dem einen oder anderen einen Rivalen zu sehen glaubte, so ist dies noch immer kein Grund, anzunehmen, daß ein ihm ebenbürtiger Feldherrngenius tatsächlich neben ihm existiert habe, und nur, weil von Napoleon unterdrückt, sich nicht entfalten konnte.

Und wenn der Kaiser an die Spitze seiner Armeen meist nur sehr wenig denkende Führer stellte, welche Unternehmungen von strategisch mehr oder weniger selbständiger Natur nicht leiten konnten, so geschah dies schwerlich mit Absicht, sondern weil er bessere nicht zu finden vermochte. So wie er selbst sich auch seinen fähigsten Gegnern stets überlegen erwies, ebenso wurden die Jourdan's und Moreau's, die Ney's, Massena's und Davout's von diesen niedergerungen, wenn nicht der Hauch seines gewaltigen Geistes, sie leitete. An Gelegenheit ihre Feldherrengaben in selbständigen Operationen zu entfalten, hat es den Marschällen Napoleons gewiß nicht gefehlt, wohl aber an den hiezu notwendigen Fähigkeiten, die auch bei der überwiegenden Mehrzahl das Durchschnittsmaß nicht überschritt. Gerade darin auch zeigte sich die Größe Napoleons, daß er aus der Menge scheinbarer und wirklicher Nützlichkeiten, die da in der gewaltigen Umwälzung emporgetaucht waren und nach Verwendung drängten, die richtigsten zu finden wußte.

Unter seinen nächsten Verwandten befand sich kein einziges militärisches Talent, selbst an sonstiger natürlicher Begabung ragte nur Lucian Bonaparte unter seinen Brüdern mäßig hervor. Auch fehlte ihnen allen, dem ältesten Bruder Josef, 1806 König von Neapel und Sizilien, seit 1808 König von Spanien, dann Ludwig, von 1806 – 1810 König von Holland, endlich dem immer lustigen Jerôme, von 1807—1813 König von Westphalen, selbst das Verständnis für die Größe des genialen Bruders, den sie wenig unterstützten, dessen Pläne sie vielmehr durch Widerspenstigkeit und stets wachsende Forderungen oft genug störten. Wenn Napoleon empfindlich gewesen sein sollte gegen Undankbarkeit, so mußte ihn die seiner nächsten Angehörigen, die er aus dem Nichts auf die Höhen der Menschheit gehoben, am schmerzlichsten berührt haben; kein Wunder, daß er nach diesen bitteren Erfahrungen, die ihm oft genug die stolze Freude an seinem Lebenswerk getrübt haben mögen, sich mit aller Innigkeit, deren er fähig war, an seinen Stiefsohn Eugen Beauharnais anschloß, einen Mann, der an persönlichen und geistigen Eigenschaften die Geschwister des Kaisers weit überragte.

Insbesondere auch als Heerführer hat Eugen zweifellos Bedeutendes geleistet und sich als einer der würdigsten Schüler des großen Schlachtenkaisers erwiesen. Am 3. September 1781 der Ehe des im Juli 1794 guillotinierten Generals Alexander Vicomte de Beauharnais mit Josephine Tascher de la Pagerie entsprossen, kam Eugen, 13 Jahre alt, während seine Mutter eingekerkert war, zu einem Tischler in die Lehre, bald darauf jedoch in ein Pensionat. Bei Übernahme des Oberkommandos in Italien 1796 nahm Bonaparte seinen Stiefsohn mit sich ins Feld, dann auch nach Ägypten, wo Eugen sich wiederholt auszeichnete und nicht gewöhnliche militärische Talente entwickelte. Im Frühjahr 1800 zum Kapitän in der Reiterkonsulargarde ernannt, beteiligte sich Eugen an der Schlacht von Marengo, wurde 1802 Oberst, zwei Jahre später Brigadegeneral und nach der Thronbesteigung seines Stiefvaters kaiserlicher Prinz. Als dann ein Jahr später die italienische Frage zu lösen war und Napoleon den Vasallenstaat an Frankreich gliederte, seine beiden Brüder Josef und Ludwig aber, um die Anwartschaft auf die Thronfolge in Frankreich nicht zu verlieren, die eiserne Krone Italiens zurückwiesen, drückte Napoleon sie sich auf das eigene Haupt und ernannte seinen Stiefsohn zum Vizekönig mit der Residenz in Mailand. Ein Jahr später adoptierte ihn Napoleon in aller Form und gab ihm die Prinzessin Amalie Auguste von Bayern zur Gemahlin.

Bis zu Beginn des Krieges von 1809 verwaltete Eugen mit Geschick und Umsicht sein Vizekönigreich, dann trat er an die

PRINZ EUGEN BEAUHARNAIS

Spitze der italienischen Armee, unterlag jedoch bei Sacile, 16. April, dem 27-jährigen Erzherzog Johann. Die Erfolge Napoleons in Deutschland bedingten den Rückzug des Erzherzogs, worauf Eugen ihm rasch folgte und nach der Schlacht bei Raab in das Marchfeld rückte, wo er wesentlich zu dem glücklichen Ausgang der Schlacht bei Wagram beitrug.

Nach dreijähriger Friedensarbeit in Italien erhielt Eugen 1812 das Kommando des IV. Armeekorps, an dessen Spitze er Hervorragendes leistete. „Wir alle haben gefehlt," sagte Napoleon später, „nur Eugen nicht."

Zu Beginn des Jahres 1813 übernahm Eugen zuerst von Murat das Kommando über die Trümmer der französischen

Armee, zog sich an die Elbe und an die Saale zurück, bis Napoleon ein neues Heer heranführte, und entschied durch rechtzeitiges Eintreffen die Schlacht bei Lützen, 2. Mai 1813. Hierauf zog er wieder nach Italien, das er mit großem Geschick bis zur Thronentsagung Napoleons verteidigte, dann übergab er das Land den Verbündeten und reiste zu seinem Schwiegervater, dem Könige Maximilian, nach München.

Wenn Eugen, trotz seiner Jugend, sich als Heerführer wiederholt den bedeutendsten Marschällen Napoleons ebenbürtig, ja überlegen zeigte, so übertraf er sie alle ohne Unterschied und mit Einschluß der kaiserlichen Geschwister, an Vornehmheit der Gesinnung und der Handlungsweise. Als Napoleon seine Ehe mit Eugens Mutter löste, da gebot diesem sein Zartgefühl, alle Ehren und Würden niederzulegen, und nur die Bitten des Kaisers bewogen ihn in seiner Stellung zu verbleiben, und als Bayern im Rieder Vertrag, 8. Oktober 1813, an die Seite der Verbündeten trat, widerstand er energisch allem Zureden und allen Lockungen der ihm wohlwollenden Souveräne und hielt zu Napoleon bis zum letzten Augenblick.

Von seinem Schwiegervater zum Herzog von Leuchtenberg und Fürsten von Eichstädt erhoben, überlebte Eugen den großen Korsen, der ihn zu seinem Testamentsvollstrecker ernannt hatte, nur drei Jahre. Er starb in München am 21. Februar 1824.

Unter den zahlreichen Personen, die nach Verkündigung der neuen monarchischen Verfassung zu Staatswürdenträgern, Hofbeamten und Hofchargen aller Art ernannt wurden, darunter Mitglieder des alten französischen Adels, die nicht säumten, dem Rufe des „Kleinen Korporals" zu folgen, befanden sich auch vierzehn Generale, die der Kaiser, am 19. Mai 1804, zu Marschällen des Reiches beförderte. Es waren dies, in der Reihenfolge ihrer Ernennung: Berthier, Murat, Moncey, Jourdan, Massena, Augereau, Bernadotte, Soult, Brune, Lannes, Mortier, Ney, Davout und Bessières.

Seltsam und abenteuerlich, wie das Leben ihres Kaisers, hatte sich der Werdegang dieser Soldaten gestaltet, seltsam zum Teil und tragisch, wie jener, sollten sie auch enden.

Zwei von ihnen erreichten eine Krone: **Murat** und **Bernadotte**.

Joachim Murat ist zweifellos eine der glänzendsten und, trotz aller kleinlichen Schwächen und des wenig rühmlichen Endes, sympathischesten Erscheinungen unter den Paladinen des großen Korsen.

Marschall M u r a t.

Nur ein scherzhafter Einfall kann es gewesen sein, den schon von Kindheit an zu den tollsten Streichen aufgelegten Wirtssohn von la Bastide dem geistlichen Berufe zu widmen. Joachim nahm aber diesen Scherz ernst und ging aus dem Seminar durch, um 1787, zwanzig Jahre alt, als Gemeiner in ein Jägerregiment zu Pferd zu treten. 1792 Oberleutnant, 1793 Kapitän, nahm ihn 1796 **Bonaparte** als Adjutant mit sich nach Italien. In den Kämpfen von Montenotte und Millesimo, von Mondovi und Roveredo, insbesondere aber im ägyptischen Feldzug bei Abukir, 25. Juli 1799, zeichnete sich **Murat** hervorragend aus und kehrte als Divisionsgeneral mit **Bonaparte** nach Frankreich zurück. Daß er die widerspänstigen Abgeordneten am 18. Brumaire ohne Bedenken auseinandersprengte, hat ihm **Bonaparte** gelohnt, indem er ihn zum Kommandanten der Konsulargarde ernannte und ihm Schwester Karoline zur Frau gab. Murat hat es noch weiter gebracht. Sohn eines kleinen Wirtes, durchgegangener Kleriker, 1787 Gemeiner, 1796 Oberst, 1799 Divisionsgeneral, 1804 Marschall und Großadmiral, kaiserlicher Prinz, Schwager des ersten französischen Kaisers, Großherzog von Berg, Großherzog von Warschau, König von Neapel. Das war die Karrière des „Abbé Murat".

Seine hervorragende Begabung als Reiterführer im großen Stile erwies Murat im Feldzuge von 1805, dann im folgenden Jahre, da er die Preußen bei Jena zersprengte, den General Prinzen Hohenlohe am 28. Oktober zur Waffenstreckung zwang, insbesondere aber bei Eylau, wo er die halbverlorene Schlacht durch die berühmte Attacke rettete.

1808 kam Murat als Oberbefehlshaber nach Spanien, nach dem Eintreffen König Josefs aber bestieg er den Thron von Neapel, wo er sich als ein umsichtiger und kluger Regent erwies. In dem Feldzuge des Jahres 1812 vermehrte er seinen Ruf durch wahre Wunder der Tapferkeit und auch 1813 rechtfertigte er vollkommen das Vertrauen Napoleons, indem er die Schlacht bei Dresden entschied.

Hier endete Murats glänzende Kriegerlaufbahn. Nach Neapel zurückgekehrt, suchte er sein Königreich durch ein Bündnis mit Österreich zu retten, aber unaufrichtig auch gegen diesen Staat, schloß er sich nach der Rückkehr Napoleons von Elba wieder an diesen, wurde wiederholt von den Österreichern geschlagen und mußte fliehen. Der Versuch, von Corsica aus sein Königreich neuerdings zu erobern, schlug gänzlich fehl; er wurde in dem Dorfe Pizzo in Calabrien gefangen und am 13. Oktober 1815, im Sinne eines seiner eigenen Gesetze, als Friedensstörer kriegsrechtlich erschossen.

Dieses selbstverschuldete Ende vermag Murat den Ruf eines überaus fähigen Soldaten von erstaunlicher Tapferkeit ebensowenig zu schmälern, wie seine kleinliche Eitelkeit, sein komödiantenhaftes Kostüm und seine echt gascognische Ruhmredigkeit.

Weit glücklicher als das Los Murats gestaltete sich schließlich jenes von Jean Baptiste Bernadotte.

Geboren am 26. Jänner 1764 in Pau als Sohn eines Advokaten, besuchte Bernadotte bis zu seinem 17. Jahre die Schule und trat dann in ein Infanterieregiment, in welchem er nach acht Jahren die Charge eines Feldwebels erreichte. Nunmehr aber erfreute er sich eines außertourlichen Avancements, denn vom Jahre 1790 angefangen rückte er fast in jedem Monat eine Stufe

Marschall Bernadotte.

vor, so daß er am 22. Oktober 1794 bereits Divisionsgeneral war. Während dieser Jahre und bis 1796 kämpfte er mit wechselndem Erfolg in der Rhein- und in der Sambre- und Maas-Armee, 1797 kam er in die Armee Bonapartes und wurde nach dem Frieden von Campo Formio Gesandter in Wien, wo er durch sein taktloses Benehmen den Wiederbeginn des Krieges beschleunigte. An der Spitze der Observationsarmee am Rhein 1799 fand er wenig Gelegenheit zu hervorragenden Taten, desto größere Dienste leistete er in demselben Jahre als Kriegsminister, indem er, trotz der kurzen Zeit seiner Wirksamkeit, Ordnung in das bisherige System der Armeeverwaltung brachte, die betrügerischen Lieferanten maßregelte und die leeren Magazine füllte.

Mit Bonapartes Staatsstreich war Bernadotte nicht einverstanden und er hätte ihn, wenn möglich, verhindert; trotzdem blieb ihm jener, wohl einer edelmütigen, fast möchte man sagen, sentimentalen Regung seines Herzens folgend, stets gewogen. Denn Madame Bernadotte war jene Desirée, die kurze Zeit als Braut Bonapartes galt, von ihm aber Josefinens wegen verlassen worden war.

Zum Kommandanten der Westarmee ernannt, verhinderte Bernadotte 1800 die beabsichtigte Landung der Engländer in Quiberon und erstickte die letzten Zuckungen des Bürgerkriegs. Nachdem er auch eine zeitlang als Gouverneur von Hannover verwendet worden war, übertrug ihm der Kaiser bei Beginn des Krieges von 1805 das Kommando des I. Armeekorps, mit welchem Bernadotte durch seinen Marsch durch preußisches Gebiet den Feldmarschalleutnant Freiherrn von Mack den Rückzug nach Ingolstadt verlegte, focht bei Austerlitz hervorragend im Zentrum, versagte aber in dem Kriege gegen Preußen 1806 vollständig. Auch in dem Feldzuge von 1809 vermochte er sich die Zufriedenheit Napoleons nicht zu erringen und kehrte nach der Schlacht bei Wagram nach Paris zurück.

Im Jahre 1810 wurde Marschall Bernadotte, seit 1806 Fürst von Pontecorvo, da König Karl XIII. von Schweden alt und kinderlos war, zur Überraschung Europas zum Thronfolger daselbst erwählt und von da an trat sein Gegensatz zu Napoleon immer stärker hervor. Bei Beginn der Befreiungskriege stellte er sich an die Seite der Verbündeten, ohne auch jetzt jene hervorragenden Feldherrngaben zu zeigen, deren er sich gerne rühmte.

„Eine merkwürdige Mischung von Genialität und Unfähigkeit, von Kühnheit und Zaghaftigkeit, von Entschlossenheit und Wankelmut, von heroischer Tapferkeit und an Feigheit grenzender Ängstlichkeit," wie ein neuer Kriegshistoriker ihn charakterisiert, war Bernadotte stets ein tüchtiger Taktiker gewesen, der über gründliche militärische Kenntnisse verfügte.

Vom Beginne der Krankheit König Karls XIII. angefangen, 1811, hat Karl Johann, wie Bernadotte als Thronfolger von Schweden sich nannte, die Regierung geleitet, unterwarf vom Juli bis November 1814 Norwegen, das sich der Vereinigung mit Schweden widersetzte, und bewährte sich vom 5. Februar 1818 an, da er als Karl XIV. den Thron bestieg, bis zu seinem am 8. März

1844 erfolgten Tode, auch in schwieriger Zeit als kluger und besonnener Regent.

War Murat als Reitergeneral hitzig und voll Wagemut, ein geborener Kommandant der Vorhut, so zeichnete den Marschall Jean Baptiste Bessières die unerschütterliche Ruhe und Festigkeit aus, über welche ein Führer der Reserve bis zum äußersten Momente der großen Entscheidung verfügen muß. Als Mensch

Marschall Bessières, Herzog von Istrien.

lauter, ehrenfest, offenherzig, als Soldat kühn und tapfer, dabei klug und umsichtig, hatte Bessières sich schon 1796 das Vertrauen Bonapartes zu erwerben gewußt, dessen Guiden er damals in Italien kommandierte.

Mit 23 Jahren war Bessières, 1791, in die konstitutionelle Garde Ludwigs XVI. getreten und drei Jahre später Hauptmann bei den Jägern zu Pferd geworden. In der Elitetruppe des ersten Konsuls und des Kaisers hat er dann alle Feldzüge Napoleons mitgemacht, namentlich bei Roveredo und Rivoli, bei St. Jean d' Arc und Abukir, bei Marengo, Austerlitz, Jena, Friedland und Eylau, dann in Spanien, insbesondere bei

Medina del Rio secco Hervorragendes geleistet. „B e s s i è r e s hat meinem Bruder J o s e f den Thron von Spanien erfochten," sagte N a p o l e o n 1808. Und nur an der eisernen Tapferkeit der österreichischen Infanterie prallten die wuchtigen Angriffe der französischen Reservekavallerie ab, die B e s s i è r e s bei Aspern an Stelle M u r a t s kommandierte, und bei Wagram, wo der durch und durch vornehme Graf L a s a l l e, ein Meister in der Führung der leichten Reiterei, erst 34 Jahre alt, fiel, brach auch Marschall B e s s i è r e s nach einer Attacke mit seinem Pferde zusammen. Die ganze Garde schrie auf, als sie den angebeteten Führer stürzen sah. Aber nur das Pferd war tot. N a p o l e o n selbst eilte in Galopp zu dem Getreuen. „Sieh nur die herrliche Kugel" rief er dem Marschall entgegen: „sie hat meine Garde zum Weinen gebracht!"

Nach dem Feldzug von 1809 zum Herzog von Istrien erhoben und wieder nach Spanien gesandt, wurde B e s s i è r e s, dessen milde und edle Verwaltung alle Herzen erobert hatte, von der Bevölkerung freudig begrüßt. Der russische Feldzug rief den Marschall an die Spitze der Kaisergarde zurück, mit welcher er die furchtbaren Erlebnisse jener Tage redlich teilte, nur bemüht, das Schicksal seiner Truppen zu lindern.

Am Vorabend der Schlacht bei Lützen, am 1. Mai 1813, ist Marschall B e s s i è r e s gefallen.

Er war einer der wenigen Generale N a p o l e o n s, die kein Vermögen hinterließen und für deren Hinterbliebene der Kaiser sorgen mußte.

Der bedeutendste unter den Marschällen N a p o l e o n s war wohl Nicolas Jean S o u l t, der einzige, der über wirkliche Feldherrngaben verfügte.

Geboren 1769 als Sohn eines Bauern, 1785 Gemeiner in einem Infanterieregiment, 1792 Unterleutnant, 1794 Brigadegeneral, zeichnete sich S o u l t sowohl 1796 unter J o u r d a n, als auch 1799 und 1800 unter M a s s e n a durch Tapferkeit und Umsicht aus. Seine Ernennung zum Marschall im Jahre 1804 quittierte er bereits im folgenden Jahre, indem er bei Austerlitz die Höhen von Pratze nahm und dadurch den Sieg entschied. Nicht weniger bedeutend zeigte er sich bei Jena, 14. Oktober 1806, und bei Eylau, welchen Ort er trotz der glänzenden Verteidigung durch die Russen nahm. Die Höhe seiner Feldherrnerfolge erreichte Marschall Soult, seit 1807 Herzog von Dalmatien, in Spanien während der Jahre 1808—1813. Im Frühling dieses Jahres wurde er wohl von Napoleon zur Hauptarmee berufen, aber nach Bautzen, 20. und 21. Mai, wieder nach Spanien gesandt, wo seine Anwesen-

Marschall Soult, Herzog von Dalmatien.

heit dringend notwendig geworden war. Während der Verbannung des Kaisers auf Elba von König Ludwig XVIII. zum Kriegsminister ernannt, folgte Soult 1815 dem Rufe Napoleons, der ihm, an Stelle Berthiers, die Geschäfte eines Chefs des Generalstabes übertrug. Er führte nach Waterloo die Trümmer der Armee zurück und begab sich dann auf sein Landgut, das er bald darauf als Verbannter der Reaktion verlassen mußte. Von Düsseldorf, wo Soult bis 1820 lebte, zurückberufen, erhielt er seine Marschallswürde wieder, ohne jedoch angestellt zu werden. Erst nach der Julirevolution begann seine dienstliche Tätigkeit von neuem als

Kriegsminister, in diplomatischen Verwendungen, als Minister des Auswärtigen.
Soult starb am 26. November 1851 als Maréchal-général.

Höher als Soult bewertete Napoleon seinen Liebling Jean Lannes. Der 23jährige Färbergeselle, der später Marschall des Reiches und Herzog von Montebello werden sollte, war 1792 in die Armee getreten, drei Jahre später bereits Brigadegeneral und erregte bei Dego, 14. April 1796, die Aufmerksamkeit Bonapartes, der ihn als Divisionär mit sich nach Ägypten nahm. Hier machte Lannes alle Kämpfe mit, kehrte dann in der Suite Bonapartes nach Frankreich zurück, der ihm die Konsulargarde, bei Eröffnung des Feldzuges von 1800 aber die Vorhut der Armee in Italien anvertraute.

Nicht nur dem Eingreifen Desaix' in die bereits verlorene Schlacht von Marengo und der kühnen Reiterattacken des jüngeren Kellermann ist der Sieg zu verdanken, sondern auch der zielbewußten Energie Lannes', der, bereits auf dem Rückzug begriffen, neuerdings vorging.

Bei Austerlitz kommandierte Lannes den linken Flügel des französischen Heeres, bei Jena und Friedland, insbesondere aber bei Pultusk, 26. Dezember 1806, bedeckte er sich mit Ruhm.

Im Jahre 1808 nach Spanien gesandt, schlug Lannes die überlegene spanische Armee und hatte kaum Saragossa mit Sturm genommen, 20. Februar 1809, als ihn der Kaiser zur Donauarmee abberief, in welcher er an der Spitze des II. Armeekorps alle Kämpfe bis Aspern mitfocht. Am 22. Mai riß ihm eine Kanonenkugel beide Beine weg. Zwölf Grenadiere trugen ihn auf ihren Gewehren auf die Insel Lobau. Napoleon eilte auf ihn zu: „Lannes", rief er, „ich bins, dein Kamerad, dein Freund, erkennst du mich?" Erst spät kam der Marschall wieder zum Bewußtsein. „Sie verlieren einen Mann", sagte er zum Kaiser, „der mit dem tröstenden und ruhmvollen Bewußtsein stirbt, Ihr bester Freund gewesen zu sein?"

Ob er es geblieben wäre, wenn ihn nicht am 31. Mai der Tod ereilt hätte? „Niemals wurde eine Braut so heiß geliebt, wie Ihre erhabene Person," hatte er einmal an Napoleon geschrieben,

Marschall Lannes, Herzog von Montebello.

aber Lannes liebte tönende Worte, und jene, die den großen Sohn des Glückes am heißesten ihrer ewigen Ergebenheit versichert hatten, haben ihn zuerst verlassen, da sein Stern erlosch.
 Aber als Soldat und Heerführer stand Lannes jedenfalls in erster Reihe jener glänzenden Kriegerschar napoleonischer Zeit; energisch und zielbewußt, mit außergewöhnlichen Anlagen, welche die Lücken seiner mangelhaften Bildung ausfüllten, aufbrausend und jähzornig veranlagt, aber kalt und ruhig im Feuer, hat er sich, ein echter Schüler Napoleons, auch ohne dessen Einwirken als tüchtiger Heerführer erwiesen. „Ein Pygmäe hatte ich ihn gefunden", sagte Napoleon später, „ein Riese hat er mich verlassen!"

Am 6. Juni 1758 in Nizza als Sohn eines jüdischen Weinhändlers namens Manasse, geboren, wurde André Massena, wie dieser sich später nannte, mit 17 Jahren Schiffsjunge, trat aber schon nach einigen Monaten in ein Infanterieregiment. Da er es nach 14jähriger Dienstzeit nicht zum Offizier bringen konnte, kehrte er 1789 in die Heimat zurück und schloß dort eine sehr vorteilhafte Ehe, um ein Jahr darauf in ein Freiwilligenbataillon einzutreten. Schon 1792 wurde er Bataillonskommandant, ein Jahr später Brigade- und Divisionsgeneral. Schon bei Loano, 23. November 1795, erwarb er sich den Beinamen „enfant chéri de la victoire", während der Feldzüge der beiden folgenden Jahre aber entwickelte er Talente, die an jene Bonapartes heranreichten. Wie er am 13. Jänner 1797 sich bei Verona schlägt, um am 14. früh am Fuße des Montebaldo, 40 km von Verona, zu erscheinen und

Marschall Massena, Herzog von Rivoli.

entscheidend in die Schlacht bei Rivoli einzugreifen, abends aber wieder abrückt und nach einem Marsch von 70 km am 16. vor Mantua erscheint, wird stets zu den bewunderungswürdigsten Leistungen gerechnet werden müssen.

Als Kommandant der französischen Armee in der neuerrichteten römischen Republik, 1798, befleckte sich Massena durch schamlose Raubsucht und Erpressungen der schrecklichsten Art, so daß eine Ofiziersdeputation ihn auffordern mußte, seinem Treiben Einhalt zu tun. Dabei kümmerte er sich wenig um das Wohl seiner Truppen, welche darbten, während er schwelgte.

Vor der überlegenen Kriegskunst des Erzherzogs Karl, 1799, hielten die zweifellos bedeutenden Fähigkeiten Massenas nicht stand, erst nach dem Abzug der Österreicher aus der Schweiz gelang es ihm, nicht eben leicht, den wenig tüchtigen

Korsakow zu schlagen. In der zweiten Schlacht bei Zürich, 25. und 26. September 1799, wichen einzelne französische Angriffskolonnen zurück; da sprengte Massena an sie heran und rief: „Lumpenpack! Ihr habt keinen Sous in der Tasche, nicht ein Strohhalm gehört euch — ich besitze Millionen! Vorwärts, Grenadiere!" Und diese stutzten einen Augenblick, dann aber folgten sie ihm lachend und johlend zum letzten entscheidenden Sturm.

Diese Episode ist nicht nur charakteristisch für die Denkungsart Massenas, sondern auch für die Art seiner militärischen Begabung. Seine Operationspläne waren wenig hervorragend, zu den Strategen zählte er nicht, aber inmitten der Gefahren, im Hagel der Geschosse gewann er volle Kaltblütigkeit und jene Schärfe des Urteils, die er eigentlich früher schon hätte entfalten sollen. „Geschlagen ging er aufs neue an die Arbeit, als wenn er Sieger gewesen."

An der Riviera, 1800, ging es Massena nicht gut; erst Marengo rettete ihn aus arger Verlegenheit und als er, nachdem Bonaparte nach Paris zurückgekehrt war, das Kommando in Italien führte, begann er seine Plünderungen von neuem, so daß er abberufen werden mußte. Trotzdem er deshalb seinen Groll gegen den ersten Konsul nicht verbarg, hielt ihn dieser, der die Fähigkeiten Massenas zu schätzen wußte, ernannte ihn 1804 zum Marschall und später zum Herzog von Rivoli.

1805 unterlag Massena in Italien abermals gegen den Erzherzog Karl, kommandierte 1806 in Neapel und führte, nach dem Falle der heldenmütig verteidigten Festung Gaëta, einen ebenso grausamen als wenig glücklichen Krieg gegen die Insurgenten Kalabriens.

Für seine Leistungen im Kriegsjahre 1809 ward Massena Fürst von Eßling.

In diesem Feldzuge hat Massena den Höhepunkt seiner Feldherrnlaufbahn erreicht; in Portugal, 1810, war er wenig glücklich, auch soll er nach seiner Rückkehr mit den Resten der republikanischen Partei in Verbindung getreten sein. Jedenfalls verwendete Napoleon ihn nicht wieder im Felde, sondern sandte ihn als Kommandanten der 8. Militärdivision nach Marseille, in welcher Eigenschaft er auch vom König Ludwig XVIII. bestätigt wurde. Später zum Gouverneur von Paris ernannt, mußte Massena nach kurzer Zeit den heftigen Angriffen der Royalisten weichen und starb schon am 4. April 1817.

„Er wäre ein großer Mann gewesen," sagte Napoleon von ihm, „wenn ihn nicht die schmachvollste Habsucht befleckt hätte."

Marschall Jourdan.

Eine überaus erfreuliche Erscheinung unter den manchmal höchst abenteuerlichen und menschlich wenig anziehenden Persönlichkeiten napoleonischer Generale, bildet Jean Baptiste Jourdan, vornehm denkend, edel fühlend, wenn auch als Heerführer vielfach überschätzt.

Trotz seiner Kriegserfahrung, die er sich, allerdings in untergeordneter Stellung, im nordamerikanischen Freiheitskampfe erworben, konnte es Jourdan, Sohn eines Chirurgen, in der französischen Armee nicht zum Offizier bringen, weshalb er 1784, 22 Jahre alt, seinen Abschied nahm. Bei Beginn der Revolution trat er in die Nationalgarde seiner Vaterstadt Limoges, wurde 1791 Bataillonskommandant, 1793 Brigade- und Divisionsgeneral, Kommandant der Ardennenarmee und kurz darauf, nach Abberufung Houchards, Oberbefehlshaber der Nordarmee!

Angesichts dieser trockenen Daten verliert das Staunen über die „Karrière" eines Napoleon Bonaparte fast jede Berechtigung. Es wird behauptet, kann aber schwerlich bewiesen werden, daß Jourdan in seiner im Fluge erreichten Stellung als kommandierender General sich großen Feldherrnruhm erworben habe; die billigen Lorbeeren verdankte er doch nur der geringen Energie seiner Gegner und den unerquicklichen Verhältnissen in ihrer Mitte. Die, übrigens vollkommen gerechtfertigte Opposition, die Jourdan dem Wohlfahrtsausschusse in militärischen Dingen machte, hätte ihm 1794 bald den Kopf gekostet; doch begnügten sich seine Widersacher, den General in den Ruhestand zu versetzen, um ihn allerdings schon nach wenigen Wochen an die Spitze der Moselarmee zu stellen. Mit dieser hat er in den Jahren 1794 und 1795 schöne Erfolge errungen, bis ihm Erzherzog Karl entgegentrat, von dem er 1796 in Deutschland ebenso geschlagen wurde, wie drei Jahre später bei Ostrach und Stockach.

Zum Generalgouverneur von Piemont ernannt (1800—1801), bewährte sich Jourdan als tüchtiger Verwalter, ebenso im Staatsrat, in welchem er bis zu seiner Ernennung zum Marschall wirkte. Das ihm nun übertragene Kommando der Armee in Italien mußte er bei Beginn des Krieges an Massena abgeben und das Gouvernement von Neapel übernehmen.

Jourdans Tätigkeit in Spanien 1808 als Generalstabschef des Königs Josef wurde, vollständig ungerechtfertigt, verurteilt, denn seine Ratschläge blieben stets unbeachtet. Verdrossen zog er sich in das Privatleben zurück, folgte aber 1812 dem Rufe Napoleons und ging nach Spanien, wo er dasselbe Schicksal fand wie vier Jahre früher.

Der Absetzung des Kaisers hat auch Jourdan zugestimmt, er wurde deshalb von König Ludwig XVIII. zum Grafen erhoben, um während der 100 Tage Pair und Gouverneur von Besançon, dann Kommandant der Rheinarmee zu werden.

Nach der Restauration diente Jourdan wieder den Bourbons und starb am 23. November 1833 als Gouverneur des Invalidenhauses in Paris.

Verschiedene Beurteilung, sowohl von Napoleon als auch von der Geschichtsschreibung, erfuhr das Wirken Louis Alexander Berthiers.

Geboren am 20. November 1753 in Versailles als Sohn eines Ingenieurs, widmete Berthier sich schon frühzeitig dem Soldatenstande, eignete sich eine gründliche militärische Bildung an, diente zuerst im Geniekorps, dann als Rittmeister bei

Marschall Berthier, Fürst von Neuchâtel.

Dragonern, machte unter Lafayette den Feldzug in Amerika mit, aus welchem er als Oberst zurückkehrte. Bei Beginn der Revolution wurde er Major-général der Versailler Nationalgarden. Nachdem er dann eine zeitlang als Generalstabschef Luckners, später als Brigadier in der Vendée verwendet worden war kam er 1796 zur italienischen Armee und fungierte von da an mit kurzer Unterbrechung als Generalstabschef Napoleons, an dessen Seite er elf Feldzüge mitmachte.

Berthiers gründliche militärische Bildung, der eiserne Fleiß und die unermüdliche Arbeitskraft, nicht zum wenigsten aber die Gabe, verständnisvoll in alle Pläne und Gedanken seines

Herrn einzugehen und das bewunderungswürdige Geschick, aus einigen rasch hingeworfenen, oft nur andeutenden Worten klare Befehle zu formen, machten Berthier, diese „wandelnde Armee-Liste", der auch persönlich sehr tapfer, im übrigen aber außerstande war, ein Bataillon zu führen, zu einem kaum ersetzbaren Gehilfen des Kaisers, der ihn mit Ehren aller Art überhäufte. Berthier wurde Marschall des Reiches, Großoffizier der Ehrenlegion, 1806 souveräner Fürst von Neuchâtel, 1809 Fürst von Wagram und gebot über ein mehr als fürstliches Vermögen. Es darf nicht wundernehmen, daß Napoleon später sich bitter über diesen Mann äußerte, der bei der ersten Rückkehr der Bourbons nach Frankreich aus Leibeskräften „Vive le roi" schrie.

Berthier, der sich 1808 auf Wunsch Napoleons mit Maria Elisabeth Amalie Herzogin von Bayern-Birkenfeld vermählt hätte, gab sich am 1. Juni 1815, als er russische Truppen nach Frankreich ziehen sah, durch einen Sturz aus den Fenstern des herzoglichen Schlosses in Bamberg den Tod.

Daß der jüngste der napoleonischen Generale, Louis Davout, geboren am 10. Mai 1770, zum Marschall ernannt wurde, verdankte er der Vorliebe des Kaisers. Denn bis dahin hatte Davout, von altem Adel, in der Brienner Militärschule erzogen und schon mit 13 Jahren Leutnant, nur als tapferer und unternehmender Soldat sich erwiesen. Mit 24 Jahren Brigadegeneral, hatte er in der Mosel- und Rheinarmee unter Moreau gefochten, war dann von Bonaparte nach Ägypten mitgenommen worden, wo er die Dromedarbrigade kommandierte. Nach Frankreich zurückgekehrt und zum Divisionsgeneral befördert, befehligte er die Grenadiere der Konsulargarde, dann, als Napoleon eine Armee an der Küste Frankreichs gegen England zusammenzog, das Lager bei Ostende, und wurde am 19. Mai 1804 Marschall des Reiches.

Die Vorliebe des Kaisers für den ihm blind, wohl auch etwas ostentativ ergebenen jungen Marschall erwies sich in der Folge als durchaus gerechtfertigt, denn er wuchs mit jedem neuen Feldzug. Im Jahre 1805 vernichtete er nach einer geradezu großartigen Marschleistung das allerdings schwache österreichische Korps unter Generalmajor Graf Merveldt, bei Austerlitz aber trug er wesentlich zu dem Schlußerfolg des Kampfes bei. Noch Hervorragenderes leistete Davout in dem Feldzuge des nächsten Jahres, in welchem er sich den Titel eines Herzogs von Auerstädt redlich verdiente, und in der Schlacht bei Eylau, 8. Februar 1807, entschied er durch seinen kühnen Flankenmarsch, welcher die Rückzugslinie der Russen bedrohte, den Sieg Napoleons.

Die Leistungen Davouts im Feldzuge des Jahres 1809 lohnte der Kaiser, indem er dem Marschall den Titel eines Fürsten von Eggmühl verlieh.

In dem Feldzuge des Jahres 1812, dann in den Befreiungskriegen bewährte Davout die oft erwiesene Tüchtigkeit und Tapferkeit, aber die ihm anvertrauten Aufgaben überstiegen doch seine Kräfte, wie denn auch Davout, wie fast alle, selbst die tüchtigsten Marschälle, merkwürdig erlahmte, wenn er Napoleon nicht in seiner Nähe wußte.

Man hat Davout oft Härte und Grausamkeit vorgeworfen, aber die strengen Maßregeln, die er namentlich während der Verteidigung von Hamburg ergriff, lassen sich militärisch wohl rechtfertigen, weniger allerdings seine Schärfe als Gouverneur von Polen.

Nach dem Sturze des Kaisers ließ sich Davout nicht mehr anstellen, sondern lebte in Zurückgezogenheit bis zu seinem am 1. Juli 1823 erfolgten Tode.

Untrennbar mit den bedeutendsten Leistungen Davouts verbunden sind die Namen seiner drei berühmten Divisionäre: Friant, Gudin und Morand, denn nicht zum wenigsten ihrer Bravour verdankte er seine Erfolge in den Feldzügen der Jahre 1805 bis 1812.

„Tapfer wie Friant" war in der französischen Armee sprichwörtlich geworden. In Oberägypten verhalf der damals 40jährige Brigadegeneral, der, weil er es in der königlichen Armee nicht zum Offizier bringen konnte, seinen Abschied als Grenadierkorporal hatte erkaufen müssen, keinem geringeren als Desaix zum Siege von Sedyman, 7. Oktober 1798, für Austerlitz verlieh ihm der Kaiser eine große Dotation und ernannte ihn später zum Reichsgrafen, an dem Siege von Auerstädt hatte er hervorragenden Anteil, ebenso an den Erfolgen von Eggmühl und Wagram. Auch 1812 als Divisionär im Korps Davouts leitete er, verwundet auf einer Tragbahre liegend, den Sturm auf Semenowskoi in der Schlacht an der Moskwa und focht in den Befreiungskriegen alle Kämpfe Napoleons mit, bis er bei Waterloo, schwer verwundet, vom Schlachtfelde getragen wurde.

Ludwig XVIII. ließ Friant aus den Armeelisten streichen.

Diese Schmach blieb Gudin erspart, denn er fand am 19. August 1812 den Heldentod an der Spitze seiner stürmenden Division. Ein Brienner Militärschüler, 1782 Offizier geworden, hatte sich Gudin schon in den Feldzügen von 1793 und 1794, insbesondere aber als Brigadier in der Schweiz 1799 ausgezeichnet und dann als Divisionär im Korps Davouts, sowohl 1806 und 1807 als auch 1809, sich das Großkreuz der Ehrenlegion und die Würde eines Reichsgrafen verdient.

Dem Divisionsgeneral Morand war das Schiksal günstiger, denn er, der wesentlich zu den Erfolgen bei Auerstädt, Eylau, Eggmühl und Wagram beigetragen hatte, aber weniger glücklich in den Kämpfen der Jahre 1812 bis 1815 gewesen war, wurde zwar während der Restauration in contumaciam zum Tode verurteilt, aber 1819 von dem Kriegsgericht, dem er sich freiwillig gestellt hatte, freigesprochen, wieder angestellt und starb im Jahre 1835 auf einem seiner Güter.

Einiges Befremden erregte es in den Kreisen der Armee, als in der Liste der neuernannten Marschälle des Reiches auch der Name des Generals Michel Ney erschien. Denn der am 10. Januar 1769 geborene Sohn eines Trödlers hatte sich bis dahin wohl als tapferer Soldat betätigt, jedoch keinerlei Feldherrntalente gezeigt. Aber der Entschluß Napoleons wurde durch die Operationen Neys im Feldzuge des Jahres 1805 glänzend gerechtfertigt. Weniger bedeutend erwies sich Ney 1806, und im folgenden Jahre gefährdete seine Unbotmäßigkeit geradezu die Erfolge der französischen Heere. Dafür leistete er Hervorragendes in Spanien 1808, die Krone seiner Taten aber bildet sein Wirken im russischen Feldzuge. Was hier der „Fürst von der Moskwa" als Führer der Nachhut geleistet, bildet wohl das äußerste an soldatischer Fähigkeit und Tüchtigkeit.

Auch in den Befreiungskriegen blieb Ney der "Tapferste der Tapferen" und er gehört zweifellos zu den geistig höchststehenden Generalen Napoleons, trotzdem dieser wiederholt abfällig über ihn geurteilt. Ney hatte sich eben in Wort und Tat nicht immer als unbedingter Anhänger des großen Korsen gezeigt.

Marschall Ney, Herzog von Elchingen, Fürst von der Moskwa.

Als Ney sich dem ersten Konsul unterordnete und Moreau ihm deshalb Vorwürfe machte, sagte er: "Ich habe unter dem Konvent gedient und haßte ihn; ich diente unter dem Direktorium, ohne es zu achten; ich werde Bonaparte dienen, wie ich unter Ihnen dienen würde, wenn Sie an seiner Stelle stünden, denn ich gehöre Frankreich an und ich werde ihm stets unter den Befehlen jenes Mannes Dienste leisten, den es als Oberherrn anerkennt."

Und die Art, wie er dann den Imperator verließ und ihn bei Fontainebleau förmlich zur Abdankung zwang, hat er am 8. Dezember 1815 durch den Tod gesühnt, den er doch auch nicht mehr verdient, wie etwa andere seiner Kameraden.

Marschall Moncey, Herzog von Conegliano.

Jean de Moncey verdankte die Marschallswürde wohl mehr dem persönlichen Wohlwollen Napoleons als seinen Fähigkeiten und Leistungen, die jene eines gebildeten und tapferen Generals nicht überragten. Der am 31. Juli 1754 geborene Sohn eines Advokaten von Adel, wurde erst mit 28 Jahren Unterleutnant, aber zwölf Jahre später Divisionsgeneral. Trotzdem er mit Auszeichnung in den West- und Ostpyrenäen gekämpft hatte, zog er sich die Unzufriedenheit des Direktoriums zu, das ihn auf Halbsold setzte, bis Bonaparte ihm nach dem Staatsstreich vom 18. Brumaire wieder ein Divisionskommando übertrug und nach dem Frieden von Luneville zum Generalinspektor der Gendarmerie ernannte.

Mit Ausnahme einer kurzen, nicht eben hervorragenden kriegerischen Tätigkeit in Spanien 1808, wurde Marschall Moncey lediglich zu organisatorischen Arbeiten verwendet, erst 1814 gelangte er noch dazu, mit den Nationalgarden die äußeren Vorstädte von Paris zu verteidigen.

Seine vornehme Gesinnung bewies M o n c e y dadurch, daß er, trotz aller ihm drohenden Maßregelungen, sich weigerte, dem Kriegsgerichte zu präsidieren, das den Marschall N e y zum Tode verurteilen sollte.

Später wandte König L u d w i g XVIII. dem Marschall wieder seine Gunst zu, verwendete ihn im spanischen Feldzuge des Jahres 1823 und ernannte ihn zehn Jahre später zum Gouverneur des Invalidenhauses.

Im Jahre 1840 wohnte der Greis noch in einem Lehnstuhl der Beisetzung der Asche N a p o l e o n s bei, 1842 starb er.

Marschall Brune.

Auch Guillaume B r u n e konnte wenig Anspruch auf den Marschallsstab erheben, wiewohl er sich im Feldzuge der Jahre 1796 und 1797, besonders aber in den folgenden Jahren in der Schweiz und in Holland, als tapferer Soldat erwiesen hatte. Aber B o n a p a r t e erkannte in dem ehemaligen Juristen, der, 1763 als Sohn eines Advokaten geboren, nach unterbrochenen Studien sich abenteuernd umhergetrieben hatte, tüchtige diplomatische

Fähigkeiten und verwendete ihn auch seit 1801 als Gesandter in Konstantinopel, dann als Generalgouverneur der Hansestädte. Letztere Stellung benützte B r u n e ausgiebig, um zum Teil auf eigene Faust Politik zu treiben und die Verfügungen der Kontinentalsperre zu umgehen, wodurch er gewaltige Geldsummen gewann. 1807 seiner Stellung enthoben, wurde B r u n e erst während der 100 Tage wieder zum Kommandanten einer neu zu bildenden Armee ernannt, die jedoch nicht mehr zustande kam.

Nach dem Sturze des Kaisers erklärte sich B r u n e für König L u d w i g XVIII., ließ in Toulon das Lilienbanner aufstecken und reiste nach Paris. Auf dem Wege dahin wurde er in Avignon von der Volksmenge, die in ihm den Mörder der Prinzessin L a m b a l l e sehen wollte, am 2. August 1815, grausam getötet.

Marschall Josef M o r t i e r, Herzog von Treviso, geboren 1768 als Sohn eines Kaufmannes, trat mit 23 Jahren in ein Freiwilligenbataillon, wurde in demselben zum Kapitän gewählt und nachdem er erfolgreich in den Kämpfen am Rhein und in den

Marschall Mortier, Herzog von Treviso.

Niederlanden gefochten, anfangs 1799 zum Brigadegeneral befördert. Als solcher stand er anfangs unter dem Kommando Jourdans, dann unter jenem Massenas in der Schweiz, wo er sich namentlich bei Zürich, 25. und 26. September, auszeichnete. Nach dem Feldzuge Divisionsgeneral, erhielt er später das Kommando der gegen Hannover operierenden Armee und befand sich 1804 unter jenen Generalen, denen N a p o l e o n die Marschallswürde verlieh. 1805 schlug er die Schlacht bei Dürenstein, deckte dann Wien, besetzte 1806, ohne Widerstand zu finden, die hessenkasselschen Lande und Hannover, rückte hierauf nach Hamburg und schlug die Schweden bei Anklam. Zur Hauptarmee berufen, zeichnete M o r t i e r sich bei Friedland aus und wurde Herzog von Treviso. Von 1808—1811 in Spanien, erwies er sich auch dort als umsichtiger Heerführer, kommandierte 1812 die junge Garde, an deren Spitze er auch während der Befreiungskriege stand. Nach der Rückkehr N a p o l e o n s von Elba führte M o r t i e r die Gardekavallerie und diente auch den Bourbons als Kommandant der 15., später der 14. Militärdivision. Nach der Julirevolution Großkanzler der Ehrenlegion, dann kurze Zeit Kriegsminister, fiel der Marschall, in hundert feindlichen Affairen dem Tode entronnen, am 28. Juli 1835 als ein Opfer von Fieschis Höllenmaschine.

Pierre A u g e r e a u, Sohn einer Pariser Obsthändlerin und eines Maurergesellen, trat 1774, siebzehn Jahre alt, in die französische Armee, aus welcher er jedoch als Unteroffizier einiger Streiche wegen entlassen wurde und trieb sich dann fast zehn Jahre lang in der Welt umher. Im Jahre 1792 kehrte er nach Frankreich zurück, trat in ein Freiwilligenbataillon, wurde anfangs 1793 Husarenrittmeister, Ende jenes Jahres aber Divisionsgeneral!

In den Feldzügen der Jahre 1795 und 1796 bedeckte er sich mit Ruhm, und namentlich die Erfolge in Italien 1796 dankte General B o n a p a r t e nicht zum wenigsten der tollkühnen Tapferkeit A u g e r e a u s, der bei Millesimo und Dego, bei Lodi, Lonato, Castiglione und Arcole ganz Hervorragendes leistete. Freilich befleckte der von Haus aus rohe und brutale General seine Ruhmestaten damals schon durch Grausamkeit und Raubsucht.

Zur Unterstützung des Direktoriums nach Paris gesandt, versuchte A u g e r e a u auch eine politische Rolle zu spielen, doch gelang es dem Direktorium, den unbequemen Mann zur Armee am Rhein zu bringen, von wo er 1799 als Mitglied des Rates der Fünfhundert zurückkehrte und sich am 18. Brumaire an B o n a p a r t e anschloß. Von diesem an die Spitze der batavischen

Marschall Augereau, Herzog von Castiglione.

Armee gestellt, kämpfte A u g e r e a u im Feldzuge 1800 in Deutschland, kehrte nach Paris zurück und versuchte dem ersten Konsul Opposition zu machen, gab jedoch diese kühnen Bestrebungen auf, als jener den Thron bestieg, ihn in die Reihe der Marschälle aufnahm und ihn später zum Herzog von Castiglione erhob.

Im Feldzuge 1805 Kommandant des VII. Armeekorps, zwang Augereau den Feldmarschalleutnant Jellachich zur Kapitulation von Dornbirn und erreichte im Feldzuge gegen Preußen und Rußland 1806 und 1807 den Höhepunkt seiner Erfolge — von da an schwand sein Glück.

In Spanien 1809 leistete er so wenig, daß er 1810 durch Macdonald ersetzt werden mußte und sich vom aktiven Dienste zurückzog, bis ihn der Kaiser 1812 zur Bildung eines Armeekorps nach Berlin berief.

In den Befreiungskriegen ward Augereau 1814 die wichtige Aufgabe, gegen die rückwärtigen Verbindungen des Feldmarschalls Fürsten Schwarzenberg zu wirken, aber anstatt durch energische Operationen die in der Champagne kämpfende Armee Napoleons zu fördern, blieb Augereau ruhig in Lyon, übergab dann die Stadt und zog sich nach Valence zurück, indem er die Straßen nach Paris dem Gegner preisgab.

Den am 12. April 1814 mit den Verbündeten geschlossenen Waffenstillstand kündigte Augereau seinen Truppen mit der Weisung an, sie seien ihres Eides entbunden, „nachdem der Mann, der seinem Ehrgeize Tausende und Tausende geopfert, nicht einmal als Soldat zu sterben gewußt hat." Als aber Napoleon von Elba zurückkehrte, rief Augereau seiner Division zu: „Soldaten! In Napoleons Abwesenheit suchten eure Blicke auf euren weißen Fahnen vergeblich ehrenvolle Erinnerungen! Werft dagegen eure Blicke auf den Kaiser; an seiner Seite strahlen mit neuem Glanze seine unsterblichen Adler!"

Napoleon beachtete die Ergebenheitserklärung des Marschalls ebensowenig als später König Ludwig XVIII., der die Dienste Augereaus gleichfalls verschmähte.

Kein Feldherr, nicht einmal ein bedeutender General, aber kühn und tapfer, gehörte Augereau zu jenen Männern, welche die Wellen der Revolution aus der Tiefe in die Höhe gehoben und an denen die überreichen Ehren, Würden und Güter vollends verdarben, was an ihnen allenfalls noch zu verderben war.

Augereau starb am 12. Juni 1816.

Nebst diesen Persönlichkeiten, die am 19. Mai 1804 zu **wirklichen Marschällen** ernannt worden waren, erhielten unter

Marschall Kellermann, Herzog von Valmy.

demselben Datum noch vier Senatoren den Titel eines Marschalls des Kaiserreiches: Kellermann. Lefebvre, Pérignon und Serrurier.

François Christophe Kellermann, Herzog von Valmy, damals bereits 69 Jahre alt, hatte als Kapitän im siebenjährigen Krieg mitgefochten und sich in den Kriegen der französischen Republik bis 1796 vielfach als umsichtiger Führer bewährt; sein Ruhm aber datiert von der Kanonade vom Valmy her, 20. und 21. September 1792, der er als Kommandant der Armee des Zentrums standhielt — ein Ruhm, den er freilich weniger seiner eigenen Tätigkeit, als vielmehr der Untätigkeit der Verbündeten verdankte. Diesem Tage zu Ehren wurde ihm auch der Marschallstitel und vier Jahre später die Herzogswürde von Napoleon verliehen, der ihn nicht mehr im Felde verwendete.

Am 23. September 1820 ist Marschall Kellermann, 86 Jahre alt, gestorben. Neun Tage vorher hatte man seinen zwanzig Jahre jüngeren Kameraden Lefebvre zu Grabe getragen.

Der Herzog von Danzig, geboren im Jahre 1755 als Sohn des Müllermeisters Lefebvre, wurde von seinem Oheim für den Priesterstand bestimmt, doch trieb ihn unwiderstehliche Neigung im Jahre 1779 zur Armee, in welcher er es jedoch in neun Jahren erst zum Sergeant brachte. Die Revolution beschleunigte auch sein Fortkommen. 1789 wurde er Leutnant, 1792 Kapitän, 10. Jänner 1794 Divisionsgeneral!

Bei Fleurus, 26. Juni 1794, wo er die Vorhut kommandierte, zeichnete sich Lefebvre besonders aus; unter Jourdan 1796 und 1797, dann 1799 teilte er ehrenvoll dessen Niederlagen. Zum Dank für seine Mitwirkung an dem Staatstreich vom 18. Brumaire verlieh ihm Bonaparte das Kommando der 14. und 15. Division, dann eine Stelle im Senat und 1804 den Marschallstitel. Von Lefebvres Tätigkeit als Kommandant der Nationalgarden der Roer, vom Rhein und der Mosel 1805, der Kaisergarde zu

Marschall Lefebvre, Herzog von Danzig.

Fuß 1806, des X. Armeekorps 1807, mit welchem er die Operationen der Armee auf dem linken Weichselufer deckte und nach Eylau Danzig einnahm, ist nicht viel zu sagen. Als Kommandant des IV. Armeekorps in Spanien hat er nichts bedeutendes zu leisten vermocht und in Tirol erwarb er sich 1809 nicht allzuviele Lorbeeren.

Auch in dem Feldzuge gegen Rußland und in den Befreiungskriegen blieb Lefebvre der stets gut verwendbare General,

ohne aus der Menge der Mittelmäßigkeiten hervorzutreten, dafür
überragte er auch fähigere und weniger tüchtige Kameraden als
ein durchaus loyaler, ehrenhafter und sittenreiner Mann.

François Josef Lefebvre, Herzog von Danzig, ist am
14. September 1820 gestorben, nachdem ihn noch König
Ludwig XVIII. zum Pair von Frankreich erhoben hatte.

Auch die Tätigkeit Dominiks de Pérignon, geboren am
31. Mai 1754 bei Toulouse, nimmt sich neben jener der übrigen
Marschälle Napoleons recht bescheiden aus. Einer adeligen

Marschall Pérignon.

Familie entstammend, erhielt er noch sehr jung eine Stelle als
Leutnant, quittierte dann, um in Zivilstaatsdienste zu treten, die er
bei Ausbruch der Revolution verließ und wurde Oberstleutnant
in der Pyrenäenlegion. Bereits 1793 Divisionsgeneral und im folgenden Jahre Kommandant der Armee in den Ostpyrenäen,
nahm er Jonquières, Castel San Fernando und Rosas, wurde
dann Mitglied des Rates der Alten und Gesandter in Spanien.
1797 von diesem Posten abberufen, blieb Pérignon zwei

Jahre ohne Verwendung. Im Frühjahr 1799 bei der Armee in Italien eingeteilt, kommandierte er deren linken Flügel und wurde bei Novi verwundet und gefangen. 1801 ernannte ihn Bonaparte zum Senator, 1806 zum Gouverneur von Parma und Piacenza, 1808 zum Gouverneur von Neapel, in welcher Stellung er bis 1814 verblieb. Während der hundert Tage verweilte Pérignon auf seinem Landgute; nach der zweiten Restauration wurde er Kommandant der ersten Militärdivision und 1817 Marquis. Er starb im Jahre darauf, am 25. Dezember 1818, in Paris.

Marschall Serrurier, ebenfalls einer altadeligen Familie entstammend, am 8. Dezember 1742 in Laon geboren, wurde bereits mit 13 Jahren Leutnant, nahm teil am siebenjährigen Krieg

Marschall Serrurier.

und war bei Ausbruch der Revolution Major in einem Infanterieregiment. 1793 Brigade-, 1795 Divisionsgeneral, zeichnete er sich in der Schlacht bei Loano, 23. November 1795, als Kommandant des linken Flügels der Armee unter Scherer besonders aus. In den zwei folgenden Kriegsjahren kämpfte er als Divisionär unter

Bonaparte in Italien und wurde nach dem Frieden von Campo Formio Gouverneur von Venedig, dann Kommandant von Lucca. Im Frühjahrsfeldzug des Jahres 1799 mußte Serrurier bei Verderio, 28. April, mit seiner Division die Waffen strecken und wurde gegen Ehrenwort nach Paris entlassen. Nach dem 18. Brumaire zum Senator, am 24. April 1804 zum Gouverneur des Invalidenhauses in Paris ernannt, bekleidete Serrurier diesen Posten mit kurzer Unterbrechung bis 1814. Von König Ludwig XVIII. auf Halbsold gesetzt, weil er sich während der hundert Tage für Napoleon erklärt hatte, erhielt Serrurier 1819 wieder den vollen Gehalt als Marschall und wenige Monate später das Großkreuz des Ludwigsordens.

Jean Philibert de Serrurier starb am 21. Dezember 1819 in Paris.

Marschall Victor, Herzog von Belluno.

Bis zum Jahre 1810 erwarben sich noch vier Generale die Würde eines Marschalls des Reiches: Victor, Macdonald, Oudinot und Marmont.

Claude Perin, genannt Victor, verdankte den Marschallsstab dem Tag von Friedland, an welchem er, nachdem Marschall Neys Hauptangriff gescheitert war, mit der Reserve vorrückte und den Sieg entschied. Auch Victor war jung in die Armee getreten, ohne vorwärts kommen zu können, bis die Revolution ihm 1793, im Laufe eines Jahres, zu der Charge eines Brigadegenerals verhalf. In den nächstfolgenden Feldzügen kämpfte er, anfangs in der Armee der Pyrenäen, dann in Italien, mit Auszeichnung und wurde später auch zu diplomatischen Missionen verwendet. 1808 zum Herzog von Belluno erhoben, kommandierte er bis 1812 das I. Armeekorps in Spanien und führte während des russischen Feldzuges das IX. Armeekorps, tapfer, aber wenig glücklich. In den Befreiungskriegen zeichnete er sich bei Dresden und Hanau aus, vermochte dann aber die Zufriedenheit Napoleons nicht mehr zu behaupten, der ihn im Februar 1814 sogar das Kommando nahm. „Gut," sagte Victor, „ich habe mein altes Handwerk nicht vergessen; ich werde ein Gewehr nehmen und mich als Gemeiner in die Reihen der Garde stellen." Versöhnt dadurch, übertrug ihm der Kaiser den Befehl der zwei Divisionen der jungen Garde, an deren Spitze Victor bei Craonne, 7. März 1814, so schwer verwundet wurde, daß er nicht weiter an dem Feldzug teilnehmen konnte.

Wieder genesen, diente Victor noch unter König Ludwig XVIII., ließ sich herbei sehr strenge das Präsidium jener Untersuchungskommission, zu führen, welche über die dem Kaiser während der hundert Tage treu gebliebenen Generale und Offiziere zu urteilen hatte, erreichte Ehren und Würden aller Art und zog sich erst nach der Julirevolution in das Privatleben zurück.

Marschall Victor ist am 1. März 1841, siebenundsiebzig Jahre alt, in Paris gestorben.

Das große Kriegsjahr 1809 gab Napoleon Anlaß, noch drei seiner Generale zu Marschällen zu ernennen, darunter jenen, für den er gesorgt wie für ein Kind, und der ihn am schmählichsten verließ: August Louis Viesse de Marmont, Herzog von Ragusa.

Im Jahre 1774 geboren, trat Marmont, Sohn eines wohlhabenden Eisenbergwerkbesitzers, mit 16 Jahren als Unterleutnant in ein Infanterieregiment, wurde zwei Jahre später zur Artillerie übersetzt und erwies sich in den beginnenden Kämpfen als tüchtiger Offizier. Bonaparte, der ihn vor Toulon kennen gelernt hatte, nahm sich seiner 1796 an, indem er ihn zu seinem Adjutanten ernannte und nach den Kämpfen bei Lodi und Castiglione mit den eroberten Fahnen in die Hauptstadt sandte. Einen Tag nach Übergabe der Trophäen wurde Marmont Oberst.

In Ägypten erfüllte er wohl nicht ganz die Erwartungen Bonapartes, desto wesentlicher unterstützte er den Staatsstreich vom 18. Brumaire und zeichnete sich auch bei dem Übergang über den St. Bernhard und bei Marengo aus. Nach Luneville zum Generalinspektor der Artillerie ernannt, 1802 Großkreuz der Ehrenlegion und Generaloberst der Jäger zu Pferd, war Marmont 1805 mit Beobachtung der Pässe in Steiermark betraut, leitete 1808 erfolgreich die Besetzung Dalmatiens und wurde in demselben Jahre Herzog von Ragusa.

Marschall Marmont, Herzog von Ragusa.

Im Feldzug von 1809 operierte Marmont geschickt gegen den Banus Gyulai, stieß dann zum Heere des Vizekönigs Eugen und traf rechtzeitig bei Wagram ein, ohne jedoch in den Kampf zu treten. Dafür ward ihm die Verfolgung übertragen, für deren Durchführung er zum Marschall ernannt wurde.

Nach dem Schönbrunner Frieden erhielt Marmont das

Gouvernement der illyrischen Provinzen, 1811 sandte ihn Napoleon an Stelle Massenas nach Spanien, wo er eine rege, aber nicht eben glückliche Tätigkeit entfaltete. Verwundet kehrte er im Juli 1812 nach Paris zurück und erhielt im März 1813 das Kommando des VI. Armeekorps in Deutschland, an dessen Spitze er seinen Ruf als tapferer und umsichtiger Führer behauptete. Mit unauslöschlicher Schmach aber bedeckte er sich, als der Stern des Imperators zu verblassen begann. Nach der Schlacht von Paris, 30. März 1814, führte er sein Korps dem Feldmarschall Fürsten Schwarzenberg zu, in demselben Augenblick, da Napoleon die Verbündeten angriff, und entzog diesem dadurch nicht nur eine bedeutende Hilfe, sondern überzeugte den Gegner auch, daß der Kaiser nicht mehr auf die Treue der Armee rechnen durfte.

Daß Marmont dann später die Taten seines Gönners bekritelte, konnte ihm die verlorene Achtung ebensowenig wiedergewinnen helfen, als seine unglücklichen Geldspekulationen und die Dienste, die er den Bourbons zu leisten suchte.

Nach dem Sturze Karls X. unternahm Marmont größere Reisen und starb 1852 in Wien.

Vielleicht weniger begabt als Marmont, dafür aber loyal und ehrenhaft bis zum letzten Augenblick, war Jacques Etienne Alexandre Macdonald. Er entstammte einem altadeligen schottischen Geschlechte, das unter den Stuarts nach Frankreich ausgewandert war, trat 1783, achtzehnjährig, als Leutnant in ein Infanterieregiment, wurde 1792 Kapitän und fungierte eine Zeitlang als Adjutant des Generals Dumouriez. Nach der Schlacht bei Jemappes, in welcher er sich besonders auszeichnete, avancierte er zum Oberst, focht 1794 bereits als Divisionsgeneral unter Pichegru in Holland, nahm rühmlichen Anteil an dem Kriege gegen Neapel und wurde 1799 nach Oberitalien gesendet, wo er anfangs mit viel Geschick operierte, an der Trebbia aber unterlag und schwer verwundet die Armee verlassen mußte. In Paris wirkte er erfolgreich im Interesse Bonapartes, der ihm 1800 den Befehl über das Reservekorps in der Schweiz übertrug. Macdonalds Marsch über den Splügen im Spätherbst jenes

Jahres bildet ein würdiges Seitenstück zu dem vielbewunderten Gotthard-Übergang Suworows.

Macdonalds Freundschaft für Moreau, dessen Partei er vertrat, zog ihm die Ungnade Bonapartes zu, der ihn bis zum Jahre 1809 ohne Anstellung ließ. Bei Beginn des Krieges der Armee des Vizekönigs Eugen zugewiesen, nahm Macdonald teil an der Schlacht an der Piave und traf, nach einigen glücklichen Gefechten, zeitgerecht auf dem Schlachtfelde von Wagram ein. Für seine Leistungen in dieser Schlacht verlieh ihm Napoleon den Marschallstab und die Würde eines Herzogs von Tarent.

In Spanien, wohin Macdonald an Stelle Augereau's gesandt wurde, zeichnete er sich mehr durch Edelmut gegen die Bewohner und durch energische Wiederherstellung der arg gelockerten Disziplin im Heere aus, als durch kriegerische

Marschall Macdonald, Herzog von Tarent.

Leistungen und auch im russischen Feldzuge und in den Befreiungskriegen ragte er nicht eben hervor. Wenn Macdonald überhaupt nicht zu den glücklichsten Marschällen Napoleons gerechnet werden darf, zu den an Gesinnung vornehmsten unter ihnen gehörte er jedenfalls. Er hat bis zum Eintritt der

Katastrophe treu zum Kaiser gehalten, den er nie mit Versicherungen unwandelbarer Ergebenheit belästigte, und als Marmont, Reue heuchelnd, klagte, er möchte seinen rechten Arm opfern, wenn er das Vorgefallene ungeschehen machen könnte, da antwortete ihm Macdonald schneidend: „Den Arm, mein Herr? Sagen Sie lieber den Kopf!"

Von König Ludwig XVIII. mit Ehren bedeckt, diente „der loyalste Soldat Frankreichs" noch bis zum Sturze Karls X., dann zog er sich auf sein Schloß Courcelles zurück, in welchem er am 7. Februar 1840 starb.

Charles Nicolas Oudinot war Kaufmannslehrling, trat 1784 mit 17 Jahren in ein Infanterieregiment, das er nach drei Jahren, noch immer Gemeiner, verließ. Bei Beginn der Revolution, der er sich mit Feuereifer anschloß, ließ sich Oudinot zum Hauptmann eines Freiwilligenbataillons wählen und stieg rasch zum Obersten, 1794 zum Brigadegeneral empor. 1799 und 1800 diente er als Divisionsgeneral unter Massena und Brune in der Schweiz und in Italien und wurde 1801 einer der Inspektoren der Infanterie, später der Kavallerie. Die Geschichte der Kriege von 1805, 1806 und 1807 nennt ihn mit Anerkennung als Divisionär des Marschalls Lannes. 1808 zum Grafen erhoben, kommandierte Oudinot 1809 das zumeist aus Grenadieren bestehende II. Armeekorps, trat nach dem Tode des Marschalls Lannes an dessen Stelle, unterlag am ersten Schlachttag von Wagram, drängte jedoch am 6. Juli das Korps Hohenzollern zurück und erwarb sich dadurch den Marschallstab und die Würde eines Herzogs von Reggio.

Bedeutender als bei Wagram waren die Leistungen Oudinots bei Borissow, 20. November 1812; aber in den Befreiungskriegen bewährte er sich nur wenig.

Nach dem Sturze des Kaisers schloß Oudinot sich vollständig dem neuen Regime an, das ihm mannigfache Ehren und Auszeichnungen brachte. Er ist im Jahre 1847 als Gouverneur des Invalidenhauses gestorben.

Als Soldat tapfer bis zur Tollkühnheit, mit Wunden förmlich bedeckt — er hatte sich deren fast so viele erkämpft wie Friant — aber als höherer Führer wenig hervorragend und

Marschall Oudinot, Herzog von Reggio.

schwankend in seinen Entschlüssen, gehörte Oudinot zu jenen Generalen, die Nützliches nur unter guter Führung leisten.

* * *

Das Kaiserreich war geschaffen, aber es brachte nicht den Frieden; denn der Ehrgeiz des genialen Emporkömmlings hielt nicht stille vor dem glänzenden Thron, er drängte nach Machterwerb ohne Grenzen.

Die Kolonialpolitik Napoleons verzehrte ungeheure Kräfte, ohne absehbare Erfolge zu zeitigen, und sein Streben nach der Seeherrschaft im Mittelmeer fand hartnäckigen und unüberwindbaren Widerstand an England, das dieselben Ziele verfolgte und sich weder durch diplomatische Verhandlungen, noch durch Drohungen irre machen ließ. Und während Napoleon zu einer Landung in England rüstete, seine Flotte sich aber jener der Briten wenig gewachsen zeigte, schloß sich der Zar, besorgt, daß Napoleon türkische Besitzungen angreifen wolle, an das Inselreich, und bald sah sich auch Österreich, in seinen italienischen Gebieten bedroht, genötigt, dem Drängen Rußlands und Englands nachzugeben und der Koalition beizutreten

Unglücklich zur See, endete der Krieg des Jahres 1805 auf dem Festlande mit dem größten Erfolge, und als im Jahre darauf Preußen es wagte, sich der Demütigung zu widersetzen, die ihm Napoleon durch Abtretung Hannovers an England zumutete, ward es vollständig zerschmettert und Zar Alexander verlor nach der Schlacht bei Friedland die Lust, außerhalb Rußlands zu kämpfen. Er schloß nicht nur Frieden, sondern auch ein Bündnis mit Napoleon.

Und nun tauchte ein neuer ungeheurer Plan im Geiste Napoleons auf; nichts weniger wollte er, als Indien erobern und damit die Macht Englands vollständig brechen. Österreich und Rußland sollten ihm dabei helfen und dafür durch Gebiete des türkischen Reiches, welches er gänzlich zu vernichten gedachte, belohnt werden. Bevor Napoleon jedoch die Ausführung dieses Gedankens einleitete, stand er vor der Aufgabe, sich Spaniens zu versichern, das im Bunde mit England höchst gefährlich werden konnte. Diese Gefahr aber mußte von selbst verschwinden, sobald ein Bonaparte in Spanien regierte. Mit gewohnter Rücksichtslosigkeit setzte der Kaiser dies durch, indem er die Streitigkeiten in der spanischen Königsfamilie benützte, um Karl IV. und dessen Sohn, den Kronprinzen Ferdinand zur Verzichtleistung auf die Krone zu „bewegen" und diese an Josef Bonaparte zu übertragen, der dafür Neapel an Murat abtreten mußte.

Aber auch N a p o l e o n hatte in seinem Kalkul einen Faktor unberücksichtigt gelassen, mit welchem allerdings bis dahin die Machthaber nicht zu rechnen gewohnt waren : Das Volk!

Als König Josef im Juli 1808 im Lande erschien, fand er das spanische Volk in vollem Aufruhr; die Anhänglichkeit an die Bourbons, die Abneigung gegen die fremden Machthaber, welche den Papst vom Throne gestoßen und nun über Spanien wie über ein erobertes Land verfügen wollten, hatte die ganze Nation unter die Waffen geführt und England sagte die erbetene Unterstützung bereitwilligst zu.

Die Niederlage eines französischen Korps am 22. Juli bei Baylen entflammte die Kampflust der Spanier noch mehr, König Josef sah sich genötigt, Madrid zu verlassen. N a p o l e o n erkannte bald, daß er seine orientalischen Pläne vorläufig zurückstellen und mit aller Macht gegen Spanien auftreten müsse, um so mehr, als es schien, daß ein Thronwechsel in der Türkei eine energischere Regierung an die Spitze gebracht hätte und Österreich zu rüsten begann. Es gelang ihm durch die Erfurter Abmachungen mit dem Zaren, dem er die Erwerbung der Donaufürstentümer widerstandlos zu gewähren versprach, Österreich vorläufig zu binden, so daß er sich nun selbst mit einem gewaltigen Heere auf Spanien stürzen konnte.

Binnen wenigen Wochen waren die schlecht gerüsteten, undisziplinierten spanischen Milizen geschlagen, die Engländer zur Einschiffung gezwungen, Madrid wurde eingenommen. Aber damit war der Volksaufstand nicht unterdrückt, er fesselte nach wie vor einen großen Teil der besten Truppen N a p o l e o n s an das ferne Land, ihn selbst aber riefen bedenkliche Nachrichten nach Frankreich zurück. In Paris wurden Intrigen gegen ihn gesponnen, der stürmische Wellenschlag der Volksbewegung in Spanien hatte sich weiter fortgepflanzt bis an die Grenzen der habsburgischen Lande, die mächtig zu erzittern begannen in mühsam zurückgehaltenem Groll; die Rüstungen hier waren von neuem und energischer als früher aufgenommen worden.

So ungelegen dem Kaiser N a p o l e o n der neue Krieg kam, er durfte ihm nicht ausweichen, er mußte ihn vielmehr mit den größtmöglichen Erfolgen zu Ende führen, damit der wenig verläßliche russische Freund gefügiger gemacht werde, und damit es fürderhin niemand auf dem Kontinent mehr wage, die ferneren Unternehmungen des Imperators zu stören.

Mit wachsendem Mißtrauen hatte er die fortschreitenden Rüstungen Österreichs verfolgt, schon im Juli 1808 kategorische Aufklärungen darüber verlangt und den österreichischen Botschafter in Paris, Grafen Metternich, mit Vorwürfen und Drohungen überschüttet. Metternich suchte zu beruhigen; die Tendenz dieser Rüstungen, sagte er, sei wesentlich ökonomischer Natur, keineswegs geeignet, irgend einen Verdacht hervorzurufen, und werde nur dazu beitragen, das Gleichgewicht in Europa zu erhalten. Napoleon ließ sich nicht täuschen, aber durch den Krieg in Spanien gebunden, glaubte er Österreich durch Drohungen schrecken zu können. „Wenn ihr Krieg wollt," rief er, „warum habt ihr ihn nicht erklärt, als ich am Niemen stand? Jetzt wäre es Torheit, jener Preußens ähnlich. Wohl bin ich genötigt 100.000 Mann aus Deutschland zurückziehen zu müssen, um sie gegen Spanien zu verwenden, aber ich habe noch immer genug. Eure Rüstungen zwingen mich zu Gegenrüstungen, welche Deutschland ruinieren werden. Ich werde eine doppelte Aushebung in diesem Jahre verlangen, und wenn mir keine Männer mehr zu Gebote stehen, werde ich genötigt sein, euch Weiber entgegenzustellen. Ihr versammelt 400.000 Mann, ich werde 800.000 Mann zusammenbringen; ihr selbst werdet mir die finanziellen Mittel bieten. Zweimal Herr eurer Staaten, habe ich euch dieselben zurückgegeben, ohne daß ihr klüger geworden seid. Der Himmel ist Zeuge, daß Österreich den ersten Schritt zum Kriege macht; wenn die Entwaffnung nicht erfolgt, ist der Kampf unvermeidlich, er wird entscheidend sein, ein Kampf auf Leben und Tod; er wird euch nach Paris oder mich in das Herz der österreichischen Staaten führen. Eure Rüstungen mißfallen auch in Petersburg; A l e x a n d e r wird euch erklären, daß ihr dieselben einstellen sollt, ihr werdet es tun, dann werde ich nicht euch Dank schulden für die Erhaltung der Ruhe in Europa, sondern dem Zaren, ich werde euch nicht teilnehmen lassen an der endgültigen Regelung so vieler wichtiger, euch berührender Fragen, ich werde mich mit Rußland verständigen und ihr werdet bloße Zuschauer bleiben."

Einige Wochen nach dieser stürmischen Unterredung hatte Napoleon die Zusammenkunft mit dem Zaren Alexander in Erfurt; sie verlief zwar nicht ganz nach dem Wunsche des Imperators, war aber doch geeignet, Österreich Vorsicht einzuflößen und die spanische Unternehmung, vorläufig wenigstens, zu sichern. Denn in dem Vertrage von Erfurt wurden Rußland die Donaufürstentümer und Finnland, dem Kaiser von Frankreich aber Spanien und Portugal zugesagt. Wenn Österreich gemeinsame Sache mit der Pforte machen sollte, um sich der Besitzergreifung der Moldau und Walachei durch Rußland entgegenzustellen, so hatte Frankreich den Krieg gegen Österreich zu beginnen, für den Fall aber als Österreich gegen Frankreich die Waffen ergreifen sollte, mußte Rußland an die Seite Napoleons treten.

Zuversichtlich begab sich nunmehr Napoleon nach Spanien, indem er seine besten Generale und den größten Teil seiner Soldaten mit sich nahm. „Mit Ansprachen voll Feuer und Verheißung schmeichelt er den Truppen, denen es keine geringe Überwindung kostet, die Heimat, die sie seit drei Jahren nicht betreten, nur eben zu durchschreiten, und heimlich läßt er den Munizipien der Städte befehlen, dieselben auf ihrem Marsche mit Festen und Gelagen und vertrauensvollen Reden und Liedern zu feiern, damit es bei den Kriegern den Schein erwecke, als hinge wirklich Frankreichs Wunsch und Hoffnung an ihrem neuen Waffenzuge."

Obwohl durch diesen Krieg vollauf in Anspruch genommen und räumlich weit von den politischen Zentren entfernt, entging Napoleon doch nicht die mindeste Änderung der Verhältnisse. Ein vorzüglich organisierter, diplomatischer Dienst und ein mit außerordentlicher Präzision funktionierendes Nachrichtenwesen setzten ihn in denkbar kürzester Zeit von jeder politischen oder militärischen Regung in Kenntnis und bewahrten ihn vor Überraschung. So konnte es, aller Vorsicht ungeachtet, nicht anders kommen, als daß Napoleon über die Stimmung des Wiener Hofes sowohl, als auch insbesondere über die organisatorische Tätigkeit des Erzherzogs Karl genau unterrichtet und daher auch in der Lage war, von langer Hand Gegenmaßregeln zu treffen. Da es ihm bald kein Geheimnis war, daß der Ausbruch des Krieges mit Österreich nur eine Frage kurzer, sogar mit ziemlicher Sicherheit voraus zu berechnender Zeit sein könne, so begann er schon Anfang Jänner 1809 in Deutschland jene militärischen Vorbereitungen, welche, mit Rücksicht auf das wahrscheinliche Kriegstheater, der französischen Armee die meisten Vorteile sicherten.

Zu Anfang jenes Jahres standen von der Gesamtmacht Frankreichs 241.000 Mann in Spanien, 37.000 Mann in Italien, 13.000 Mann in Neapel, 9700 Mann in Dalmatien. In Deutschland kommandierte Marschall Davout von Erfurt aus die „Rheinarmee" und hielt die festen Plätze Danzig, Magdeburg, Glogau, Stralsund, Stettin und Küstrin besetzt.

Die Rheinarmee bestand: aus dem Truppenkorps des Gouvernements der Hansastädte (die französische Infanteriedivision Dupas und die holländische Truppendivision Gratien), dann aus der Rheinarmee im engeren Sinne. Diese umfaßte: Die Infanteriedivision Morand, Friant, Gudin und Saint-Hilaire, das Korps Oudinot (vier Brigaden), drei leichte Kavalleriebrigaden, die erste, zweite und dritte schwere Kavalleriedivision Nansouty, Saint-Sulpice und d'Espagne, das Truppenkorps des Gouvernements von Danzig unter dem Befehle des Generals Rapp und den Reservepark, im ganzen etwa 93.000 Mann und 29.000 Reiter.

Die sich mehrenden Berichte über österreichische Rüstungen veranlaßten Napoleon, am 1. Jänner die Aushebung von 80.000 Mann anzuordnen, auch gab er dem Kriegsminister

General Clarke Weisungen, wie die Armee in Deutschland auf 160.000 Mann, jene in Italien auf 150.000 Mann zu bringen sei, und für einen Krieg mit Österreich im ganzen 400.000 Mann verfügbar werden. Am 6. Jänner ergingen aus Valladolid die ersten wesentlichen Befehle für die Zusammenziehung seiner in Deutschland befindlichen Armee. Vorerst ließ er das Korps Oudinot nach Bayern rücken und verständigte den König Maximilian, daß auf den einfachen Wunsch Bayerns hin auch die übrigen Teile der Rheinarmee nach dem Königreiche abmarschieren würden und Marschall Davout bezügliche Weisungen erhalten habe. Am 15. Jänner ging an diesen der Befehl ab, die Infanterie Oudinots, die dritte leichte Kavalleriebrigade und die dritte Kürassierdivision Espagne nach Augsburg in Marsch zu setzen. Am 2. März waren diese Bewegungen durchgeführt und die Infanteriedivisionen Oudinots kantonierten nun zwischen der Donau und dem Lech, die Kürassiere auf beiden Stromufern, die leichten Kavallerieregimenter, jetzt unter dem Befehle des Generals Colbert, zwischen Augsburg und Ingolstadt (v. Mayerhoffer, 1809, Aufmarsch des Heeres Napoleons I. in Deutschland).

Gleichzeitig wurde Vizekönig Eugen angewiesen, sich bereit zu halten, auf den ersten Befehl 60.000 Mann im Friaul zu versammeln.

Unmittelbar nach diesen Anordnungen übertrug Napoleon das Kommando der Armee in Spanien an General Junot, verließ am 16. Jänner Valladolid und langte am 23. zu allgemeiner Überraschung in Paris an. Von hier aus leitete er die weitere Konzentrierung der in Deutschland stehenden Truppen. Die noch an der Weichsel verbliebenen Regimenter hatten nach Baireuth zu rücken, in Danzig nur polnische und sächsische Truppen zu verbleiben; das zweite Chasseurregiment zu Pferde wurde von Posen nach Oberfranken gesandt und dem General Friant zur Verfügung gestellt, das 11. reitende Jägerregiment von Ratibor nach Magdeburg beordert.

Am 21. Februar ergingen die ersten Weisungen zu der Zusammenziehung der für das Observationskorps der Rheinarmee bestimmten Heereskörper. Napoleon bezeichnete den Elsaß als Sammelraum und verfügte, daß sich Marschall

Massena, zum Kommandanten dieses neuen Korps bestimmt, Mitte März in Straßburg einfinde. Ende März erreichten die Kolonnen des Observationskorps, mit Ausnahme der dazu gehörigen deutschen Kontingente, die Westgrenze Bayerns, das Hauptquartier Massenas war in Ulm.

Den Rheinbund-Fürsten war noch von Valladolid aus empfohlen worden, ihre Kontigente bereit zu halten, nun erhielt zuerst König Jerôme von Westphalen den Auftrag, die unter dem Befehle des Generals Morio stehende Division nach Metz zu senden, von wo sie nach Spanien zu rücken hatte; auch sollte König Jerôme neue Aushebungen vornehmen, um sein Kontingent von 6000 auf 12.000 Mann zu erhöhen.

Von den sächsisch-polnischen Truppen sollten 15.000 Polen zwischen Warschau und Krakau aufmarschieren, die sächsische Armee sich bei Dresden sammeln, die Festungen an der Oder, Danzig und die Plätze des Herzogtums Warschau, waren nach wie vor zu halten. Gleichzeitig ergingen die Befehle an die mecklenburg-oldenburgischen Truppen zum Einmarsche nach Schwedisch-Pommern.

Insoweit waren fremdländische Kontingente — 54.500 Mann alliierter Truppen befanden sich bei der Armee in Spanien — bereits in Anspruch genommen, als die offiziellen Erklärungen des Grafen Metternich ein rascheres Tempo der Rüstungen nötig erscheinen ließen.

Napoleon verfügte daher am 4. März die Vereinigung der Rheinbundtruppen. Die bayrische Armee unter dem Befehle des Marschalls Lefebvre hatte mit je einer Infanteriedivision zu Straubing, Landshut und München aufzumarschieren, die württembergische Armee sich zwischen 15. und 20. März zwischen Aalen, Neresheim und Heidenheim zu sammeln. Den Befehl über diese Truppen übernahm General Vandamme, der am 27. März in Stuttgart einzutreffen hatte. Das badische Kontingent sammelte sich zu dieser Zeit zu Rastatt und Pforzheim, das hessische zu Mergentheim. Der Fürst-Primas des Rheinbundes wurde angewiesen, die Versammlung der Kontingente von Nassau, Würzburg, der sächsischen Fürstentümer, von Anhalt, Lippe, Schwarzburg, Reuß und Waldeck etc. anzuordnen und dieselben bis zum 20. März nach

Würzburg zu instradieren, wo die Truppen dem Marschall Davout unterstellt wurden. Der Fürst von Pontecorvo hatte am 20. März das Kommando der sächsischen Truppen in Dresden zu übernehmen, dem Könige von Sachsen wurde empfohlen, den Befehl über das polnische Korps dem Fürsten Poniatowski zu verleihen und polnische Kavallerie möglichst nahe an Krakau heranzuschieben. Das Korps hatte überhaupt Galizien zu bedrohen und zu trachten, möglichst starke österreichische Kräfte daselbst zu binden. An König Jerôme erging neuerlich der Befehl zur Aushebung von Truppen, welche Unruhen in Westphalen und Hannover, auf deren Ausbruch der Kaiser offenbar rechnete, unterdrücken sollten.

Die holländische Division, General Gratien, blieb im Gebiete der Hansastädte, dem Könige wurde aufgetragen, zur Verteidigung des eigenen Landes neue Truppen auszuheben.

Die noch nicht nach Spanien entsendeten Teile des Kontingents des Großherzogtums Berg sollten am 15. April zu Düsseldorf und Münster marschbereit sein.

Unter dem 11. März ergehende allgemeine Direktiven wiesen Oudinot, Davout, Massena und die Bayern an, bei plötzlichem überlegenen Angriff ihre Vereinigung bei Ingolstadt oder Donauwörth zu bewirken.

Ende März war die französische Hauptarmee wie folgt zusammengesetzt:

Hauptquartier:	1 Bat.	4¹/₂ Esk.	
Kaiserliche Garde:			
Infanterie-Division Curial	8 „	—	„
Alte Garde	4 „	—	„
Elite-Gendarmerie	— „	1	„
Kavallerie-Division Arrighi	— „	16	„
Artillerie	— „	— „	60 Geschütze
Summe	13 Bat.	21¹/₂ Esk.	60 Geschütze.

— 83 —

2. **Armeekorps**: Marschall Lannes, Herzog von Montebello:

Oudinot
- Infanterie-Division Tharreau — 16 Bat. — Esk. 18 Geschütze
- Infanterie-Division Claparède — 16 „ — „ 18 „
- Leichte Kavallerie-Brigade Colbert — „ 9 „ — „
- Portugiesische Legion — 3 „ 2 „ — „
- Infanterie-Division St. Hilaire — 15 „ — „ 15 „
- Kürassier-Division Espagne — „ 16 „ 6 „

Summe 50 Bat. 27 Esk. 57 Geschütze.

3. **Armeekorps**: Marschall Davout, Herzog von Auerstädt:

Infanterie-Division Morand	15 Bat. — Esk.	15 Geschütze
„ „ Friant	15 „ — „	15 „
„ „ Gudin	15 „ — „	15 „
Reserve-Division Demont	10 „ — „	15 „
Kürassier-Division St. Sulpice	— „ 16 „	6 „
Leichte Kav. Brig. Jacquinot	— „ 9 „	— „
Deutsche Division Rouyer	9 „ — „	— „

Summe 64 Bat. 25 Esk. 66 Geschütze.

Französische Infanterie-Division Dupas — 5 Bat. — Esk. — Geschütze.

4. **Armeekorps**: Marschall Massena, Herzog von Rivoli:

Infanterie-Division Legrand	13 Bat. — Esk.	24 Geschütze
„ „ Carra St. Cyr	14 „ — „	18 „
„ „ Molitor	10 „ — „	12 „
„ „ Boudet	7 „ — „	12 „
Leichte Kavallerie-Div. Marulaz	— „ 18 „	— „

Summe 44 Bat. 18 Esk. 66 Geschütze.

7. **Bayrisches Armeekorps**: Marschall Lefebvre, Herzog von Danzig:

Infanterie-Division Kronprinz	9 Bat. 6 Esk.	24 Geschütze
„ „ Wrede	9 „ 8 „	24 „
„ „ Deroy	10 „ 8 „	24 „

Summe 28 Bat. 22 Esk. 72 Geschütze.

6*

8. Württembergisches Armeekorps: General Vandamme:
Infanterie-Division   14 Bat.   — Esk.   — Geschütze
Kavallerie-Division Wöllwarth —   „   16   „   —   „
Artillerie   —   „   —   „   22   „

        Summe   14 Bat. 16 Esk. 22 Geschütze.

9. Sächsisches Armeekorps: Marschall Bernadotte, Fürst von Pontecorvo:
1. Division Zezschwitz   12 Bat. 12 Esk.   — Geschütze
2.   „   Polenz   11 „   8 „   —   „
Artillerie   — „   — „   24   „

        Summe   23 Bat. 20 Esk. 24 Geschütze.

Kavalleriereserve: Marschall Bessières, Herzog von Istrien:
Leichte Kavallerie-Division
 Montbrun   — Bat. 20 Esk.   — Geschütze
Leichte Kavallerie-Division
Nansouty   — „   24 „   12   „

        Summe   — Bat. 44 Esk. 12 Geschütze.

Dragonerdivision Beaumont: 6 prov. Dragoner-Regimenter.
Park der Armee: 1 Bataillon Militärarbeiter der Marine, 1 Flottillenbataillon, 23 technische Kompagnien, 2 Artillerie-Kompagnien mit 6 Geschützen.

Die italienische Armee unter dem Befehle des Vizekönigs Eugen (Generalstabschef Divisionsgeneral Charpentier) war zu Beginn des Krieges folgendermaßen gegliedert:

1. Infanterie-Division Seras   12 Bat.   — Esk. 1 Sapeurkomp.
2.   „   „   Broussier 12 „   1 · „   1   „
3.   „   „   Grenier   12 „   1   „   1   „
4.   „   „   Lamarque   12 „   —   „   1   „
5.   „   „   Barbou   16 „   —   „   —   „
1. italienische Inf.-Div. Severoli 10 „   —   „   1   „
2.   „   „   „ Fontanelli 11 „   2   „   1   „
Italienische Garde   Lecchi   4 „   3   „   —   „
Leichte Kav.-Div.   Sahuc   — „   16   „   —   „
Dragoner-Division   Grouchy   — „   12   „   —   „
  „   „   Pully   — „   12   „   —   „

    Zusammen 89 Batterien, 47 Eskadronen, 6 Kompagnien und 100 Geschütze.

Die polnisch-sächsische Armee im Großherzogtum Warschau, unter dem Befehle des Divisionsgenerals Fürsten Josef Poniatowski, bestand aus dem polnischen Korps, und zwar:

1. Division Poniatowski	6 Bat.	6 Esk.	
2. „ Zajonczek	7 „	3 „	
3. „ Dombrowski	2 „	6 „	
Artillerie	— „	— „	32 Geschütze
Summe	15 Bat.	15 Esk.	32 Geschütze
und dem sächs. Detachement	2½ „	2 „	14 „

Wenngleich die Ergänzungen, die aus dem Inneren Frankreichs dem Heere zugegangen waren und auch nach Ausbruch des Krieges ihm nahezu ununterbrochen zuströmten, meist neu ausgehobene und mangelhaft ausgebildete Mannschaften enthielten, so waren doch die altgedienten Leute in der Mehrzahl, der Offiziers- und Unteroffizierskader war unangetastet geblieben und unvergleichlich. Insbesondere die Infanterie, mit welcher Napoleon fast ausschließlich seine Siege errungen, war dieser Waffengattung in jeder anderen Armee zweifellos überlegen. Diese Überlegenheit beruhte sowohl auf nationalen Eigenschaften, als auf der Organisation, hauptsächlich aber auf der Ausbildung. „Lediglich und ausschließlich war es die eigentliche Kriegsarbeit, waren künftige Siege das Grundprinzip der Abrichtungsmethode der französischen Infanterie, körperliche Gewandtheit und Ausdauer ihr oberster Zweck. Daher war Marschieren mit Sack und Pack, Laufen, Springen, Schwimmen die vorzüglichste Übung; Fechten mit Degen und Säbel eine tägliche Beschäftigung.

„Die eigentlichen militärischen Übungen umfaßten zuerst alles das, was auf den eigentlichen Krieg bezug hat, insbesondere die Instruktion des Soldaten für jene Fälle, wo er sich selbst überlassen ist. Erst wenn sich auf diesem Felde der Ausbildung genügende Fortschritte zeigten, wenn in keiner der notwendigen Fertigkeiten eine Lücke war, schritt man zum Paradedienste, zu dem, was zur militärischen Repräsentation gehört."

„Die Einteilung der französischen Infanterie in Grenadiere, Voltigeure und Füsiliere war keine leere Form; alle diese verschiedenen Abstufungen, an denen strenge gehalten wurde, standen in genauem Verhältnisse zu der Qualifikation der Einzelnen, und bildeten bei dem natürlichen Ehrgeize der Franzosen keinen geringen Sporn, sich in seinem Berufe möglichst zu vervollkommnen."

Nicht auf derselben Höhe wie die Infanterie stand die französische Kavallerie, und Napoleon selbst war sich bewußt, daß seine Reiterei der österreichischen unterlegen sei. „Der Mann," schrieb ein österreichischer Offizier jener Zeit, „hat zu wenig Liebe, zu wenig Sorge für sein Pferd, ist mit dem Tiere zu wenig vertraut. Zudem muß ihr schlechtes, nachlässiges Putzen und Warten der Pferde, ihr ganz unordentliches Füttern, ihr unsinniges Reiten ohne alle Rücksicht auf den natürlichen Gang des Tieres, ihr unaufhörliches Übertreiben des Tempos in jeder Gangart, einen so ungeheuren Verbrauch an Pferden nach sich ziehen, daß, wenn sie auch fortfahren, alle Marställe und Gestüte Europas zu plündern, dennoch stets ein Mangel an geeigneten Kavalleriepferden vorhanden sein wird.

„So gewandt, geschickt, leicht und unternehmend der Franzose zu Fuß ist, so unbeholfen, linkisch, schüchtern und verzagt ist er zu Pferde. Allerdings gibt es auch Ausnahmen, aber selbst diese werden sich nur bei Ausländern und nur sehr selten bei den eigentlichen Franzosen finden. In Hinsicht der Reiterei werden es uns die Franzosen gewiß nie, wenigstens nicht sobald gleich tun."

Auch die Artillerie, ehedem berühmt als hervorragend tüchtige und vorzüglich ausgebildete Waffe, war im Jahre 1809 nicht mehr auf der früheren Stufe der Vollkommenheit; die vielen Kriege hatten Verluste mit sich gebracht, die sich in den wenigen Friedensmonaten wohl in bezug auf die Zahl, nicht aber auf Qualität des Materials wett machen ließen.

Eine Elitetruppe ersten Ranges war die von Napoleon geschaffene Garde.

Den Stock der Kaisergarde bildeten das Grenadierregiment zu Fuß und das Chasseurregiment zu Fuß. Die Aufnahme in diese Regimenter war eine besondere

Belohnung für vorzügliche Dienste in der Linie. Jeder Mann mußte vor seinem Eintritt zehn Dienstjahre in der Linie vollendet haben und erhielt dann zugleich Unteroffiziersrang, sowie auch der Gardeoffizier höheren Rang bekleidete, als jener gleicher Charge der Linie.

Zunächst diesen Regimentern standen das Regiment der Füsiliergrenadiere und das Regiment der Füsilierchasseurs. Zweijähriger vorzüglicher Liniendienst und die Kenntnis des Lesens und Schreibens waren die Bedingungen des Eintritts. Über besondere Entschließung des Kaisers war nach einjährigem Dienst in diesen Truppenkörpern die Übersetzung in das Grenadier- beziehungsweise Chasseurregiment möglich.

Mit Dekret vom 16. Jänner 1809 entstanden weiter: Das Regiment der Tirailleurgrenadiere und das der Tirailleurs-Chasseurs. Diese beiden Regimenter hatten einen aus Gardeoffizieren und -Unteroffizieren bestehenden Kader, im übrigen wurden in dieselben nur Rekruten eingereiht. Im Monate März 1809 ordnete Napoleon die Errichtung weiterer vier Garderegimenter an, und zwar zwei Regimenter Conscrits-Grenadiers und Conscrits-Chasseurs. Bei diesen Regimentern, die gleichfalls aus Rekruten gebildet wurden, zählten nur die Stabsoffiziere und Hauptleute zur Garde, die übrigen Offiziere waren jenen der Linie gleichgestellt und wurden zum Zwecke ihrer Einreihung aus Saint-Cyr ausgemustert. Die Unteroffiziere für diese Regimenter wurden den Füsilieren der Garde entnommen.

Der Kaiser selbst wachte darüber, daß die Rekruten der Garde gut gekleidet und ausgerüstet an die Linieninfanterie übergeben, bei jedesmaligem Bedarf die stärksten Leute ausgesucht wurden; daß man sie den am längsten Eingereihten entnahm, verstand sich von selbst. Meist hatten die Konskribierten bei der Garde bereits die notwendigste Ausbildung, namentlich im Feuerexerzieren, genossen. In den Marschbataillonen wurde dann ohne Unterlaß weiter exerziert und nebst den Detailexerzitien auch die sogenannte Bataillonsschule durchgearbeitet; nach Tunlichkeit schossen die jungen Soldaten zur Scheibe.

Die Gardekavallerie umfaßte vier Regimenter: das

Grenadierregiment zu Pferd, das Regiment der Chasseurs à cheval, das Gardedragonerregiment und das polnische Garde-Chevaulegersregiment, das als erprobte Fremdtruppe der Ehre teilhaftig wurde, einen integrierenden Bestandteil der Kaisergarde zu bilden. Im gewissen Sinne kann auch die kaiserliche Elite-Gendarmerie zur Gardekavallerie gezählt werden; auch soll der kuriosen Mameluckenkompagnie nicht vergessen werden, als letzes Überbleibsel der orientalischen Pläne des Imperators. (v. Mayerhoffer.)

Die Garde hatte ihre eigene Artillerie, dann ein Trainbataillon, eine Pontonier- und eine Matrosenkompagnie.

Trotz aller Anzeichen baldigen Ausbruches des Krieges blieb Napoleon noch immer in Paris. Einerseits hielten ihn wichtige, die Ausgestaltung der Armee betreffende Arbeiten in seiner Hauptstadt zurück, andererseits wollte er dadurch die Aufmerksamkeit des Gegners täuschen und diesem das Odium des Friedensbruches zuschieben. Aber er sandte den in seine Absichten und Pläne eingeweihten langjährigen Vertrauten, Marschall Berthier, den er am 4. März zum Major général bei dem in Deutschland stehenden Heere ernannt hatte, zur Armee. Berthier reiste am 30. März von Paris nach Straßburg ab. Er hatte, insolange die Verhältnisse nicht anderes bedingten, dort zu bleiben, von wo er am besten die Armee überblicken und die Formierung und Absendung der zahllosen Marschformationen direkt betreiben konnte. Berthier entsprach dieser Weisung und verließ den Rhein erst, als ihm die Nachricht vom Ausbruche des Krieges zukam, am 12. April 1 Uhr morgens.

Um die verschiedenen Kommandostellen teils untereinander, teils mit dem Kaiser und Berthier in sichere und rasche Verbindung zu bringen, wurden Ordonanzkurslinien etabliert und ein Estafettendienst seitens der kaiserlichen Post eingerichtet.

Marschall Bernadotte in Dresden war mit dem Kommando der Rheinarmee, Bamberg und Nürnberg, durch einen Ordonanzkurs, den sächsische Kavallerie gab, über Hof in

Verbindung gesetzt; der französische Kommandant in Hof gab die eintreffenden Posten durch General Friant in Baireuth an Marschall Davout weiter. Von Bamberg ging jeden zweiten Tag ein Kurier über Donauwörth zu General Oudinot nach Augsburg ab, um sofort wieder zurückzukehren. Ebenso war Generalleutnant Wrede, Kommandant der 2. bayrischen Division in Straubing durch einen Ordonnanzkurs mit Augsburg verbunden.

Die wesentlichste Verbindung, jene von Paris über Straßburg nach München, ließ Napoleon bereits anfangs März einrichten. Jede Nacht um 12 Uhr ging eine Estafette der kaiserlichen Post von Paris ab und über Nancy, Straßburg, Rastatt, Karlsruhe, Pforzheim, Stuttgart, Ulm, Augsburg nach München. Der Träger der Depeschen wechselte hierbei ungefähr 45mal, so daß die Raschheit der Bestellung eine außerordentliche wurde. Briefe von Paris brauchten bis Augsburg beiläufig 48 Stunden, durchliefen daher 15—20 Kilometer in der Stunde. Nicht mit Unrecht konnte daher behauptet werden, daß das seit dem Jahre 1805 geübte System der Estafetten eines der Elemente der enormen Erfolge Napoleons gebildet habe.

Zwischen Straßburg und Paris war überdies ein optischer Telegraph eingerichtet, der jedoch nicht unbedingt verläßlich war.

Noch bevor Marschall Berthier nach Straßburg abgegangen war, hatte ihm der Kaiser am 30. März ausführliche Instruktionen erteilt, ihn soweit mit seinen Plänen bekannt gemacht, damit sie Berthier, „wenn es die Dringlichkeit der Umstände erfordern sollte, auch ohne weitere Befehle abzuwarten, ausführen könne".

Napoleon gedachte die Armee bei Regensburg zu versammeln, sein Hauptquartier dahin zu verlegen und von dort die Operationen im Donautale einzuleiten; nur wenn die österreichische Armee, früher als zu erwarten, die Grenze überschreiten und noch vor den französischen Truppen bei Regensburg erscheinen sollte, wäre die Armee hinter dem Lech zu konzentrieren und das Hauptquartier nach Donauwörth zu verlegen.

Diesen beiden möglichen Fällen entsprachen auch die Anordnungen in fortifikatorischer Beziehung. Passau, welches bei einem Vorrücken im Donautale gegen Wien den Nachschub aller auf der Donau transportablen Kriegsbedürfnisse vermittelte und der Armee auf dieser Strecke die vollste Manövrierfähigkeit sicherte, war zu armieren und auf drei Monate mit Proviant zu versehen.

Augsburg, an dem schon seit längerer Zeit gearbeitet wurde, mußte mit verdoppelter Anstrengung gegen einen Handstreich gesichert werden; dort, dann in Ulm und Donauwörth waren Vorräte aller Art zu sammeln.

Alle Brücken über den Lech sollten palisadiert und mit schwerem Geschütz versehen werden, bei Ingolstadt aber hatten gute Brückenköpfe den Uferwechsel zu sichern.

Entsprechend früher ergangener Dispositionen waren die Truppen in Deutschland am 1. April in folgenden Stellungen:

Marschall D a v o u t mit 20 Regimentern zwischen Nürnberg, Bamberg und Baireuth; die Division St. Hilaire zwischen Nürnberg und Regensburg;

die Bayern mit je einer Division in Straubing, Landshut und München, O u d i n o t mit 18.000 Mann zwischen Augsburg und Donauwörth;

Marschall M a s s e n a hatte über 25.000 Mann bei Ulm vereinigt und war ermächtigt, im Falle der Notwendigkeit auch die bei Pforzheim und Mergentheim stehenden Kontingente von Baden und Hessen-Darmstadt an sich zu ziehen. Es würden demnach, ohne die Württemberger, bis 15. April drei Armeekorps, 130.000 Franzosen und 100.000 Alliierte zur Verfügung stehen, welche sich je nach Bedarf, ebensowohl in Regensburg, wie bei Ingolstadt oder Donauwörth vereinigen konnten.

Falls die Oesterreicher nicht früher vorrückten, hatten am 5. April die Truppen O u d i n o t s von Augsburg, jene St. H i l a i r e s von Nürnberg und die Kürassierdivision Nansouty aus ihren Kantonierungen nach Regensburg aufzubrechen, wo dann am 10. ungefähr 30.000 Mann Infanterie und sieben Kavallerieregimenter vereinigt sein konnten. Das Kavalleriereservekorps Bessières hatte zur selben Zeit dort einzutreffen, Massena aber sein Hauptquartier von Ulm nach Augsburg vorzuschieben.

Nach Abschluß dieser Bewegungen konnte die Konzentrierung der Armee als vollzogen angesehen werden, denn Davout, der sein Hauptquartier in Nürnberg hatte und die Defiléen gegen Eger bewachte, konnte mit seinem Gros Regensburg in drei Märschen erreichen; die Bayern waren ebenfalls nicht weiter entfernt, und Massena konnte in vier bis fünf Märschen zur Stelle sein.

Auf diese Art würde bei Regensburg eine Armee von 200.000 Mann beiderseits der Donau, deren rechtes Ufer sie bis Passau beherrschte, in einer Stellung versammelt sein, die sie vor jeder Beunruhigung seitens des Gegners schützte und ihr so den Vorteil sicherte, während der Strom ihr alle Bedürfnisse zuführte.

Falls jedoch die österreichische Armee noch vor Beginn dieser Bewegungen operationsfähig sein und die einzig mögliche Bewegung von Pilsen über Waldmünchen und Cham nach Regensburg ausführen würde, wozu sie fünf Märsche benötigte, so hätten die bayrischen Divisionen von Straubing und Landshut auf Ingolstadt, Davout aber auf Donauwörth und Ingolstadt zurückzugehen, und es würde dann der schon früher vorgesehene Fall eintreten, wo die Aufstellung hinter der Lechlinie genommen und das Hauptquartier nach Donauwörth verlegt werden müßte.

Sobald einmal die französische Armee in der Gegend von Regensburg zusammengezogen sei, müßten schon hiedurch die Operationen des Gegners gelähmt sein. Rückte dieser in der Richtung über Cham vor, so würde man ihm mit voller Kraft in den schon früher rekognoszierten Stellungen am Regen entgegentreten; wollte aber der österreichische Feldherr mit dieser Operation etwa eine gleichzeitige Demonstration gegen Tirol verbinden, so könnten die zehn oder zwölf Regimenter, die er vielleicht hiezu verwenden würde, allerdings Innsbruck erreichen, allein sie würden nur zu bald aus dem Einmarsche der Franzosen in Salzburg die Niederlage ihrer Hauptarmee bei dem entscheidenden Zusammenstoße in den Debouchéen Böhmens erfahren.

Eine Bewegung der österreichischen Hauptarmee auf Nürnberg oder Bamberg müßte sie in Gefahr bringen, von Böhmen abgeschnitten zu werden, während bei einer Operation derselben gegen Dresden die französische Armee in Böhmen eindringen und der österreichischen nach Deutschland folgen würde.

Einem Angriffe der Österreicher auf beide Flügel der französischen Front wäre durch eine energische Operation gegen des Feindes geschwächte Mitte zu begegnen, wobei der Rückzug an den Lech stets offen bliebe.

Schon vom 21. März angefangen liefen von den französischen Vorposten Meldungen ein, daß die österreichische Armee sich in Bewegung befinde, ohne daß es indessen anfänglich möglich war, die Richtung ihrer Märsche festzustellen.

Bald kam jedoch Klarheit und es ward allmählich zur Gewißheit, daß sich die österreichische Hauptkraft im Marsche nach dem südlichen Donauufer befinde.

Aber Marschall Berthier war seiner Aufgabe nicht gewachsen. Statt, wie der Kaiser angeordnet hatte, die Armee am Lech zu sammeln, hatte er die Korps zwischen Regensburg und Augsburg verzettelt und sie in Gefahr gebracht, vereinzelt geschlagen zu werden.

Napoleon erhielt am 12. April abends in Paris durch den optischen Telegraphen die Nachricht von dem Innübergang der Österreicher; er reiste am 13. früh 4 Uhr ab und traf am 17. um 5 Uhr früh in Donauwörth ein.

„Sa présence vaut cent mille hommes!" riefen seine Soldaten sich zu.

Und in dem gewaltigen Ringen, das nun begann, hat der geniale Feldherr, im vollen Bewußtsein von der Tragweite dieses Kampfes, die ganze ungeheuerliche Macht seines

Geistes und seiner Tatkraft entfaltet, bis es ihm, schwer genug nach einer Niederlage, der ersten, die er bis dahin überhaupt erlitten, und nach einem zweifelhaften Siege, doch endlich gelang, den ebenbürtigen Gegner zum Nachgeben zu nötigen.

Damals hat Napoleon den Höhepunkt seiner Erfolge, den Zenith seines Glückes erreicht, und als ihm am 20. März 1811 seine Gemahlin, die Tochter aus dem ruhmreichsten Fürstenhause Europas, einen Sohn schenkte, schien auch die Zukunft seines selbstgeschaffenen Reiches für alle Zeiten gesichert.

Und man fragte sich in der Welt, was er noch begehren wolle! Der mächtigste Widersacher, der bisher — seit 17 Jahren! — am unverdrossendsten gegen die französische Revolution und den Träger ihrer Ideen gekämpft, Österreich, war fast vollständig zusammengebrochen und nun auch durch heilige Bande an die Seite dieses verwöhnten Sohnes des Glückes geknüpft, Rußland, auch wenn das lockere Freundschaftsverhältnis sich löste, wenig gefährlich, Preußen lag geknebelt auf dem Boden und die deutschen Fürsten, insoweit sie überhaupt zählten, dankten dem Eroberer ihren Glanz und ihre höheren Würden und lauschten andächtig und gehorsam eines jeden Winkes.

Aber diese Machtfülle, wie sie seit unvordenklichen Zeiten kein Monarch in seiner Hand vereinigt, genügte Napoleon nicht; seinem Geiste schwebte ein Weltreich vor, wie es das Karls des Großen war, als dessen Nachfolger er sich fühlte, oder jenes des genialen Makedoniers! Und nur der Widerstand Englands war zu brechen, um an das Ziel seiner Wünsche zu gelangen, der Spaniens zerfiel dann von selbst. Immer enger suchte er deshalb das Inselreich einzuschnüren, immer strenger wurden die Verfügungen der Kontinentalsperre gehandhabt, die schließlich nur Rußland, aus politischen und wirtschaftlichen Gründen zu verletzen wagte. Um so besser! Dadurch wurde der unverläßliche Freund zum offenen Feind, der bekämpft und besiegt werden mußte, durch dessen Reich dann der Weg nach Indien offen stand, auf welchem Englands Macht am sichersten zu zertrümmern möglich war.

„Nach drei Jahren bin ich Herr des Weltalls," hatte Napoleon im Jahre 1811 ausgerufen und als dieser kurze Termin verstrichen war, kämpfte er nicht mehr um ein Weltreich, sondern um den Thron, den er sich auf Hekatomben von Leichen errichtet und der endlich zersplitterte, unter den Schlägen einer Welt in Waffen!

Sankt Helena.

www.ingramcontent.com/pod-product-compliance
Lightning Source LLC
Chambersburg PA
CBHW031555300426
44111CB00006BA/321